2021年

长沙市金融业发展报告

王志辉◎主编

湘潭大學出版社

長沙商貿旅游職業技術學院
系列产业年度报告编审委员会

主　　任：袁义和　刘国华

成　　员：李　晖　崔德明　徐庆良　金立槟　谢早春
胡伏湘　谢　军　陈　莉　邓子云　王志辉
许名勇　周化祥　韩燕平　周栋良　颜楚华
曹立村　彭湘萍

本书编委会

主　　编：王志辉

副 主 编：任　璐　张瑞梅　施　颖

参编人员：张　维　吴　双　彭　婷　龚钰涵　谢翠玲
孙红芳　黄　云　王大友　彭建华　张　莉
吴　笑　周智韬

顾　　问：李晓斌　长沙市人民政府副秘书长
长沙市人民政府金融办公室原党组书记、主任
段永松　长沙市人民政府金融办公室党组成员、副主任
胡传真　长沙市人民政府金融办公室地方金融监管处三级调研员
李春燕　长沙市人民政府金融办公室银行保险处处长

总　序

《长沙市国民经济和社会发展第十四个五年规划和二〇三五年远景目标纲要》强调，要聚焦人民群众对美好生活的向往，以高品质、多样化、便利化为导向，重点发展旅游休闲、文化创意、商贸服务等产业，突破生活性服务业领域物理限制和服务半径，推动生活性服务业扩容提质。产业是经济发展的引擎，直接决定了经济发展的状况。产业链的基础是产业，对接产业办专业是职业教育的关键，了解产业动态，掌握产业现状，研究产业发展趋势，预测产业人才需求，是高职院校专业良性发展的重要条件。国家“双高计划”建设单位长沙商贸旅游职业技术学院是长沙市人民政府主办的全日制高等职业院校，办学60年来，坚持“立足长沙、服务三湘（湘菜、湘商、湘旅）”的办学定位，紧跟长沙市产业布局，积极探索“政行企校”合作办学机制，创新“产教融合、校企合作”途经，推进职业教育高质量发展。每年一度的“二级学院院长说产业、专业主任说专业”教研活动引起了职教界的普遍关注，由学校牵头，联合政府和行业企业编制产业年度报告，开启了服务决策咨询的全新尝试。

为此，2019年我校组织编写并出版了《2019年度长沙市会展业发展报告》和《2019年度湖南省湘菜产业发展报告》两本年度报告，得到了湖南省以及长沙市相关主管部门、餐饮行业和湘菜企业、会展行业和会展企业的好评，成为相关单位制定决策规划和年度计划的智库帮手。在丛书的使用过程中，兄弟省市及同类院校的读者就报告的内容组织、章节设置和呈现形式等方面提出了宝贵的建议和意见，为下一年度报告的编写提供了很好的参考价值。

2021年，受疫情和国际形势的影响，部分产业遭受重创，给经济发展带来了空前的挑战。在此背景下，我校按照长沙市产业发展蓝图，结合专业优势，整合社会资源，组织编写了《2021年长沙市湘菜餐饮业发展报告》《2021年长沙市金融业发展报告》《2021年长沙市会展业发展报告》《2021年长沙市文化和旅游业发展报告》和《2021年长沙市电子商务业发展报告》五本产业发展报告，全面呈现产业数据，记录重要变化和需要反思的时刻，洞察分析、前瞻预判，期待能够为产业振兴提供更有价值的专家观点和趋势预测信息，为长沙市有关部门提供决策咨询依据，为湖南省“三高四新”的建设贡献职教力量。

编委会主任、校长：刘国华

序

“金融活，经济活；金融稳，经济稳。”金融业是现代经济的重心，是沟通整个社会经济生活的纽带，更是国民经济的血脉与核心所在。

当下我国经济发展正处于新旧动能转换的瓶颈期，金融业的发展也面临重大变革。在大智移云科技革命和产业升级的背景下，在各行各业信息化、智能化、数字化的转型态势下，在新冠肺炎疫情常态化的影响下，金融业作为国家重要的核心竞争力，其战略地位和战略作用还将随着国家双循环新发展格局的形成进一步凸显。

近年来，长沙市金融业获得较快发展，自2016年长沙市金融业增加值占GDP比重首次超过6%，正式成为长沙市的支柱产业以来，长沙市金融业总量不断增加、结构继续优化，实力不断增强，特别是2020年，面对突发的新冠肺炎疫情，长沙市金融业发挥了“稳定器”作用，全面支持企业复工复产，助力“六稳”“六保”工作，推动全市经济持续向好。

进入2021年，长沙市聚焦长沙市打造国家中心城市、国家重要先进制造业中心、国家科技创新中心三大领域，关注先进装备制造业倍增、战略性新兴产业培育、智能制造赋能等重点工程，以“强金融”建设支撑和服务“强省会”战略发展，奋力打造“一核两副三带四区多点”的新发展格局，成为推动湖南“三高四新”战略实施和社会经济高质量发展的重要引擎。

长沙商贸旅游职业技术学院编制的《2021年长沙市金融业发展报告》以区域金融业的转型发展为背景，以产教融合的深度对接为目的，以金融业人才的高质量培养为出发点，以为长沙市金融机构和金融企业、小微企业、高职院校、金融从业人员等不同主体提供力所能及的服务为己任，详细地分析了长沙市金融业的不同业态的发展状况，梳理了长沙市金融业的发展特色和亮点，对标了杭州、成都等金融业发达的省会城市，从政府、行业、企业、高校等不同层面对推动长沙市金融业高质量发展给出了建议和对策，重点从政策、前沿、技术、人才等渠道为不同的主体提较为全面的参考，有利于加强各主体间的沟通和交流，共筑金融业协同发展生态圈。

《2021 年长沙市金融业发展报告》结构严谨合理、内容详实有据、建议科学可行，是高职院校践行产教深度融合过程中重要的产学研成果，对长沙市金融业的发展进行了系统整理和高度概括，为长沙市政府金融工作办公室提供了一定的决策参考价值，为金融机构与金融企业的发展提供了思路，为高职院校的财经类专业建设如何对接区域金融业的发展提供了现实路径，是一本系统全面、完备实用的宝贵文献资料，值得推荐给金融业各类相关人员和专业人士参考阅读。

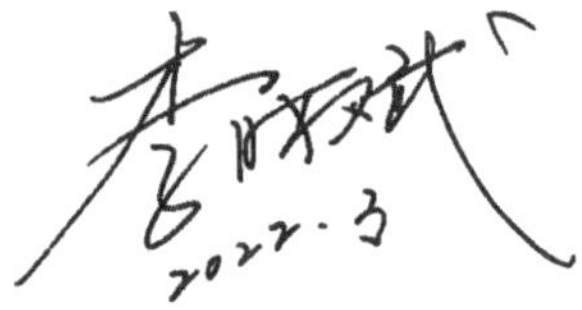

目　录

第一章
长沙市金融业总体发展运行情况

近年来，长沙市坚持稳中求进的总基调，牢牢把握高质量发展要求，促进多层次资本市场的稳步发展，积极提高金融服务水平，推进金融生态环境建设，金融业总量快速增长，呈现出增速、占比、贡献率同步提升的态势，对实体经济的支持力度不断加大，为全市经济实现平稳较快增长奠定了坚实的基础，站在了加快高质量发展的崭新起点。

第一节　金融业整体发展概况

近年来，长沙市坚持稳中求进的总基调，牢牢把握高质量发展要求，积极提高金融服务水平，金融业总量较快增长，对实体经济的支持力度不断加大，为全市经济实现平稳较快增长奠定了坚实的基础。2020 年，面对新冠肺炎疫情的影响，长沙市金融业发挥“稳定器”作用，助力“六稳”“六保”工作，全市金融业呈现高质量发展，推动全市经济持续向好，有力支持了新冠肺炎疫情防控、复产复工和稳企业保就业等工作，促进多层次资本市场稳步发展，保险保障功能日益增强，金融生态环境建设继续推进，金融服务质效进一步提升。

一、长沙市金融业运行情况

（一）金融业增加值占比稳步提升

2018—2020 年以来，长沙市金融业增加值稳步提升，GDP 占比不断提高。2020 年，在新冠肺炎疫情暴发的背景下，党中央、湖南省和长沙市陆续出台了一系列帮助企业纾困的金融政策，助力“六稳”“六保”工作，推动全市经济社会发展持续向好。

2018 年，全市金融业实现增加值 737.79 亿元，比上年增长 4.00%，对全市经济增长的贡献率为 2.70%；占全市 GDP 的比重为 6.70%，与上年持平。

表 1-1-1　长沙市金融业年度增加值占比情况表[①]

年份	增加值（亿元）	经济增长贡献率	占全市 GDP 比重
2018	737.79	2.70%	6.70%
2019	849.26	6.30%	7.30%
2020	920.32	13.00%	7.60%

① 数据来源：根据长沙市国民经济与社会发展统计公报数据整理

2019 年，长沙金融实力持续提升，主要指标增长较快，金融业支柱地位稳固。全市实现金融业增加值 849.26 亿元，比上年增长 9.20%，分别比 2017 年和 2018 年提升 0.7 和 5.2 个百分点，金融业对全市经济增长的贡献率为 6.30%，占全市 GDP 的比重达 7.30%，呈现出增速、占比、贡献率同步提升态势。

2020 年，长沙市金融实力持续提升，主要指标增长较快，全年全市实现金融业增加值 920.32 亿元，比上年增长 8.60%，高于全市 GDP 增速 4.6 个百分点，金融业对全市经济增长的贡献率为 13.00%，占全市 GDP 的比重达 7.60%，比上年提升 0.3 个百分点。

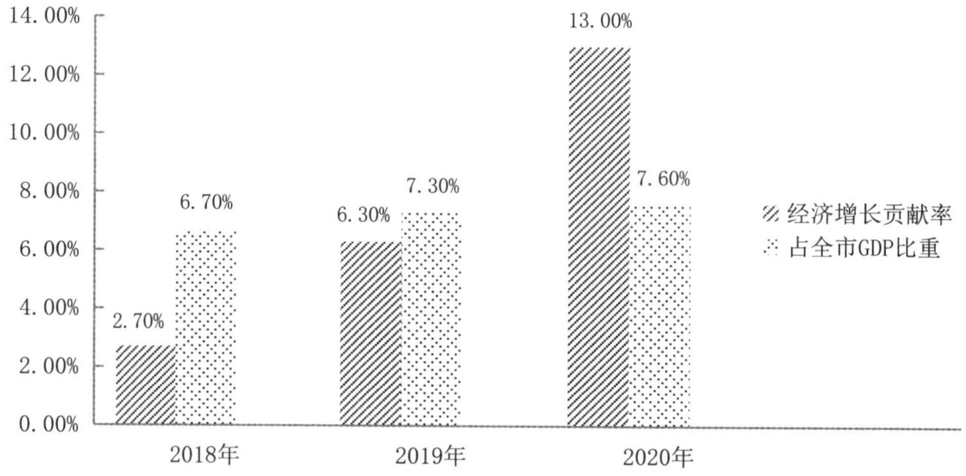

图 1-1-1　长沙市金融业年度增加值占比情况图

（二）金融创税表现突出

表 1-1-2　长沙市金融业年度税收增长情况表[①]

年份	金融业实现税收（亿元）	同比增长值	占全市税收收入的比重
2018	156.99	5.40%	7.90%
2019	169.82	9.40%	8.80%
2020	219.80	29.43%	10.90%

[①] 数据来源：中国人民银行长沙中心支行官网

2018—2020 年，长沙市金融业税收增长逐年提高，截至 2020 年末，金融业税收占比突破 10.00%。

2018 年，全市金融业实现税收 156.99 亿元，比上年增长 5.40%，占全市税收收入的比重达 7.90%，金融业发展亮点纷呈。

2019 年，在减税降费大环境下，金融业税收增长依然表现抢眼。全市金融业实现税收 169.82 亿元，比上年增长 9.40%，增幅提升 4 个百分点，其中因资本市场交易活跃，资本市场服务实现税收 19.83 亿元，比上年增加 10.57 亿元。

在新冠肺炎疫情冲击及减税降费的大环境下，2020 年上半年全市金融业实现税收收入 115.79 亿元，同比增长 32.30%，占全市税收收入的比重达 10.60%。2020 年末，全市金融业共实现税收 219.80 亿元（见表 1-1-2），比上年增长 29.43%，占全市税收收入的比重达 10.90%，比上年提升 2.1 个百分点，为“六稳”“六保”形势下财政资金的筹集贡献了金融力量。分项看，资本市场服务、货币金融服务、其他金融业全年纳税分别比上年增加 30.30 亿元、12.10 亿元和 9.20 亿元。

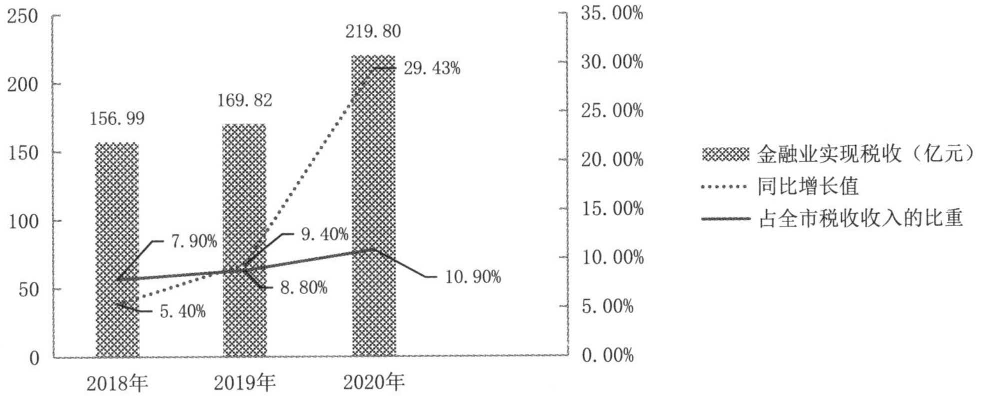

图 1-1-2　长沙市金融业年度税收增长情况图

（三）存款保持较快增速

1. 存款保持较快增长，但出现回落常态

长沙市是湖南省的政治、经济、文化中心，在经济发展和投资环境等方面具有较强的竞争优势，金融集聚效果不断提升。至目前全市共有各类银行 42 家，2018 年，长沙银行成功登陆 A 股，成为省内首家上市银行，全市银行机构体系进一步丰富。

2018 年末，全市金融机构各项存款余额达 18633.60 亿元（见表 1-1-3），比上年增长 8.70%，金融机构存款余额占全省的比重达 38.00%，比上年提升 1.3 个百分点。2019 年末，长沙市金融机构各项存款余额 21048.45 亿元，占全省的 40.00%。受新冠肺炎疫情期间的宽货币、宽信用政策影响，2020 年 5 月末全市金融机构存款余额增速达到 17.00% 的增速高点，随着经济企稳回升，信贷派生存款下降，消费及生产投资需求上升，叠加监管部门压降结构性存款等因素，存款增速在下半年有所回落，趋于常态。

表 1-1-3　长沙市金融机构存款年度增长值情况表 ①

年份	各项存款			金融机构存款余额占全省的比重
	余额（亿元）	同比增长值	比年初增加（亿元）	
2018	18633.60	8.70%	1491.77	38.00%
2019	21048.45	12.96%	2412.81	40.00%
2020	23316.81	10.78%	2268.36	40.30%

2020 年末，全市金融机构各项存款余额 23316.81 亿元（见表 1-1-3），比年初增加 2268.36 亿元，比上年增长 10.78%。

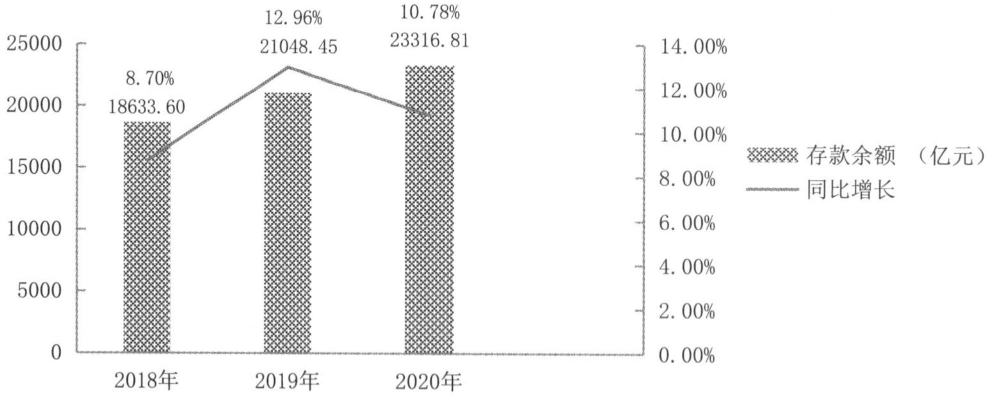

图 1-1-3　长沙市金融机构存款年度增长值情况图

① 数据来源：中国人民银行长沙中心支行官网

2021 年 3 月末，全市金融机构各项存款余额（本外币合计，下同）24499.01 亿元，比年初增加 1182.21 亿元。

2. 住户存款增长较稳，非金融企业存款低速增长

2018 年末全市住户存款余额 5692.08 亿元（见表 1-1-4），比上年增长 9.40%；2019 年，受《关于规范金融机构资产管理业务的指导意见》（资管新规）、房地产调控和 P2P 整治等多重因素影响，投资渠道压缩，居民存款回归银行体系，全年住户存款新增 906.53 亿元，比上年多增 419.27 亿元，占全部新增存款的 37.60%，比上年同期提升 5 个百分点；2020 年，住户存款余额 7572.18 亿元，比年初增加 973.57 亿元，同比增长 14.75%。2021 年 1 月至 3 月，非金融企业存款新增 870.10 亿元，同比多增 286.90 亿元；住户存款新增 2704.00 亿元，同比多增 8.50 亿元。

表 1-1-4　住户存款和非金融企业存款变化表[①]

年份	住户存款（亿元）	同比增长值	非金融企业存款(亿元）	同比增长值
2018	5692.08	9.40%	7524.14	4.50%
2019	6598.61	15.93%	8028.95	6.70%
2020	7572.18	14.75%	——	——

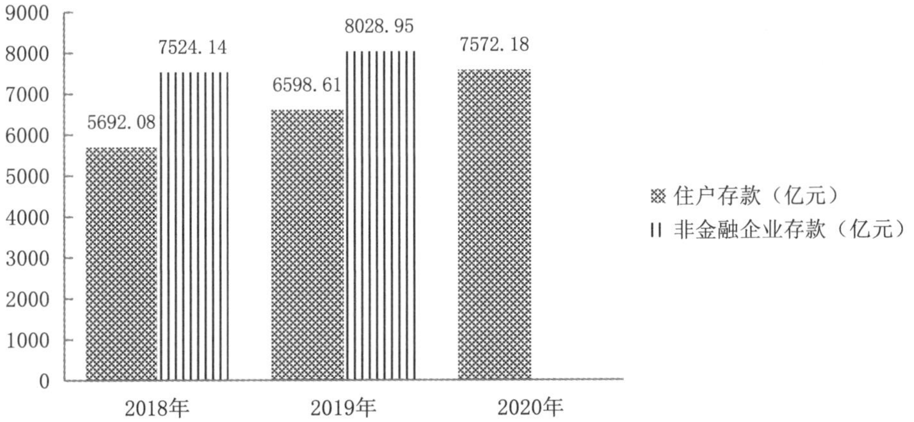

图 1-1-4　住户存款和非金融企业存款变化图

① 数据来源：中国人民银行长沙中心支行官网

2018年，全年非金融企业存款余额7524.14亿元，比上年增长4.50%。2019年，非金融企业存款余额8028.95亿元，比上年增长6.70%，全年累计新增506.23亿元。

2018年末长沙市政府存款余额3569.06亿元，比上年增长10.10%，全年新增325.82亿元，比上年少增65.95亿元。2019年，广义政府存款余额4267.66亿元，比上年增长19.60%，高于上年同期9.5个百分点，其中受积极财政政策影响，财政性存款增速凸显，全年增长49.80%。

2018年末，全市非银行存款余额1831.01亿元，比上年增长23.70%，全年新增350.28亿元。2019年末，非银行业金融机构存款余额2097.20亿元，比上年增长14.50%，全年新增266.19亿元。

（四）贷款数量创历史新高，贷款结构更趋合理

2020年，长沙市新增贷款创历史新高，全市金融机构各项贷款余额24261.26亿元（见表1-1-5），比上年增长14.18%，年度新增贷款突破3000亿元，资金“洼地效应”显著，信贷投放有效支持实体经济发展，为保市场主体、稳经济基本盘提供了强有力支撑。

表1-1-5　长沙市金融机构贷款年度增长情况表[①]

年份	各项贷款		
	余额（亿元）	同比增长值	比年初增加（亿元）
2018	18360.89	15.58%	2325.02
2019	21248.71	15.73%	2854.01
2020	24261.26	14.18%	3012.55

1. 信贷增速稳，节奏更均衡

2019年在降准降息等一系列逆周期政策的推动下，全市各项贷款快速增长，全

① 数据来源：中国人民银行长沙中心支行官网

年增速维持在 15% ~ 16% 浮动，增势稳。信贷投放季节分布较往年更为均衡，1 至 4 季度投放占比分别为 31.90%、26.50%、24.70% 和 16.90%。相比较而言，2020 年，信贷高增长集中在 2 月至 5 月，增速位于 15.62% ~ 17.34% 区间，高出上年 1 ~ 2 个百分点，新增贷款主要流向受新冠肺炎疫情影响大的行业和关键领域。随着新冠肺炎疫情逐渐得到有效控制和经济稳步修复，全市信贷增速从 6 月起持续回落，降至年末的 14.18%（见图 1-1-5）。从季度分布看，1 至 4 季度新增贷款占比分别为 42.00%、26.00%、19.00% 和 13.00%，与往年相比，信贷投放“前高后低”特征明显。

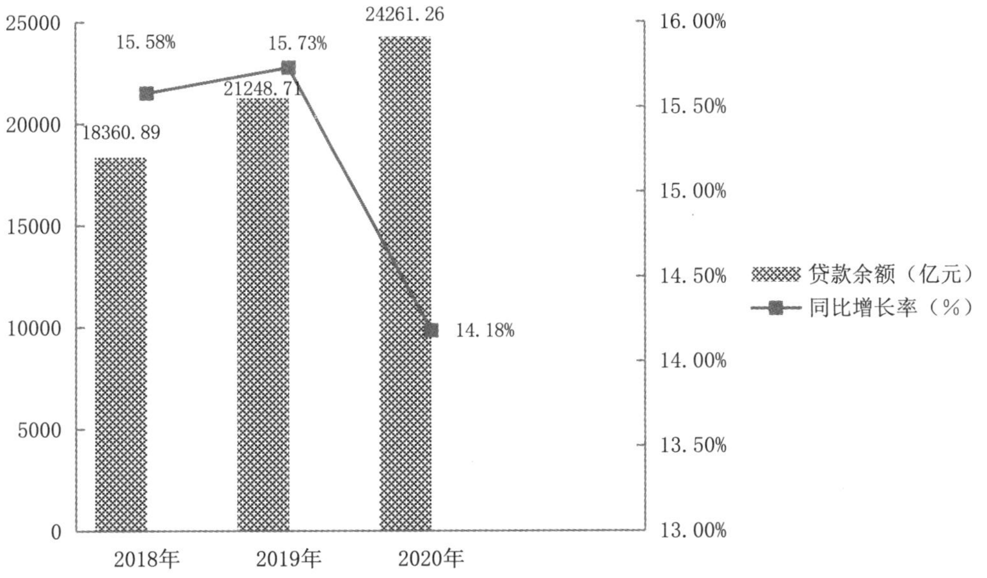

图 1-1-5　长沙市金融机构贷款年度增长情况图

2. 信贷结构持续优化，重点领域融资支持力度加大

2020 年上半年，新增贷款主要流向受新冠肺炎疫情影响大的行业和关键领域，其中租赁商务服务业、制造业和水利环境公共设施管理业贷款分别同比多增 360 亿元、120 亿元和 102 亿元；软件和信息服务业新增贷款 31.56 亿元，为去年同期金额的 6 倍，居各行业首位。

2020 年末，长沙市中长期贷款额为 18407.53 亿元（见表 1-1-6），同比增长 15.65%，其中制造业中长期贷款余额 975 亿元，比 2019 年增长 54.60%，新增贷款主要集中在先进设备制造业等领域。软件和信息服务业贷款比上年大幅增加，年末余额达 124 亿元，比上年增长 38.80%，助力“软件业再出发”战略深入推进。

表 1-1-6　长沙市短期贷款和长期贷款年度增长情况表[①]

年份	短期贷款（亿元）	同比增长值	比年初增加（亿元）	中长期贷款（亿元）	同比增长值	比年初增加（亿元）
2018	3656.00	19.10%	584.57	14175.01	12.60%	1586.52
2019	4477.58	22.47%	821.58	15917.02	12.10%	1742.01
2020	5032.76	12.40%	555.18	18407.53	15.65%	2490.51

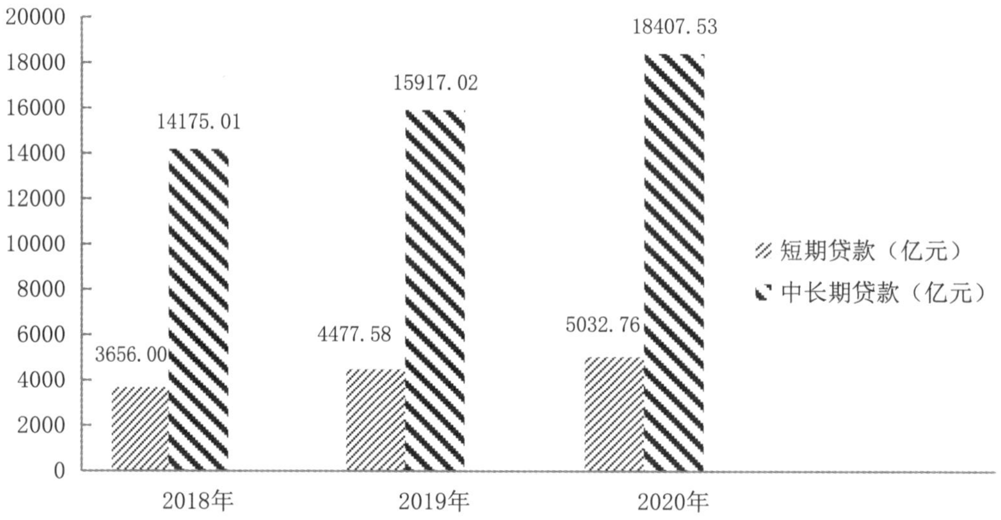

图 1-1-6　长沙市短期贷款和长期贷款年度增长情况图

近两年，长沙市房地产开发贷款增长平稳，各项房地产政策得到有效贯彻。2018 年，新增房地产开发贷款 330.21 亿元，比上年少增 86.55 亿元；2019 年房地产开发贷款增长平稳，贷款余额为 2418.22 亿元，比上年增长 6.50%，全年新增 147.02 亿元。截至 2020 年末，房地产贷款余额增速连续 15 个月放缓，年末增速降至 9.20%，低于上年同期 2.1 个百分点。

近两年，中小微企业获得的信贷支持力度加大，2017 年，全年中小微企业贷款余额 7116.24 亿元，比上年增长 9.70%，全年新增 641.32 亿元，为上年同期的 51.20%；2019 全年中小微企业贷款新增 756.94 亿元，比上年多增 115.62 亿元。中小

① 数据来源：中国人民银行长沙中心支行官网

微企业贷款可获得性提升，全年新增 1627 亿元，年末余额达 9741 亿元，比上年增长 20.10%，有效缓解中小微企业贷款难的困境。

（五）证券交易规模继续放量增持，企业上市领跑中部

2020 年，长沙市证券成交量突破 6 万亿元（见表 1-1-7）。2019 年全市证券累计成交量 38389.20 亿元，占全省 55.63%，比上年增长 72.09%；2020 年，全市证券交易成交量累计达 60247.55 亿元，比上年增长 56.94%，成交量占全省 57.41%。

表 1-1-7　长沙市和湖南省证券交易量情况表[①]

年份	长沙市（亿元）	湖南省（亿元）	长沙市在湖南省占比	备注
2018	22308.26	41779.94	53.39%	湖南省证券业协会数据
2019	38389.20	69009.15	55.63%	湖南证监局数据
2020	60247.55	104936.99	57.41%	

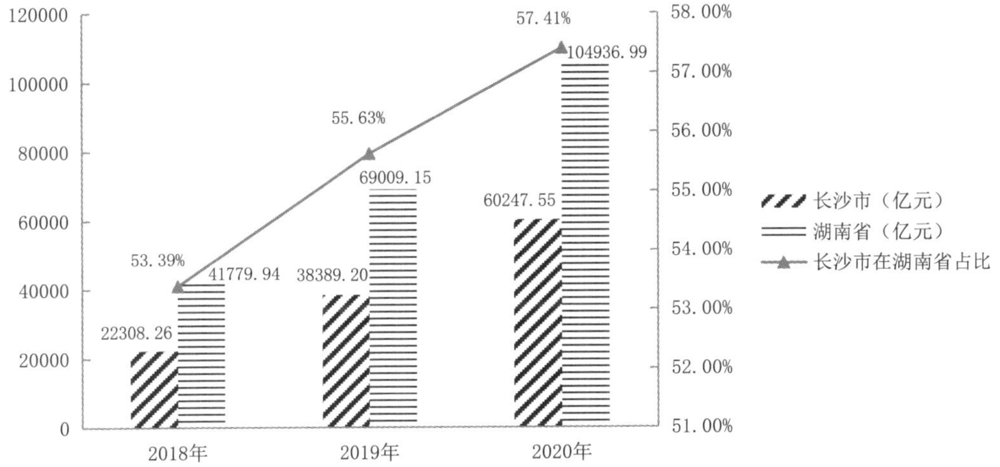

图 1-1-7　长沙市和湖南省证券交易量情况图

2020 年，全市新增上市公司 9 家，年末 A 股上市公司达 70 家（见表 1-1-8），位

① 数据来源：中国人民银行长沙中心支行官网

居中部省会第一、全国省会城市第五，全市A股上市公司总市值1.35万亿元，居中部省会第一，爱尔眼科、蓝思科技、芒果超媒已成为千亿级龙头企业。

表1-1-8　长沙企业上市进度情况表[①]

年份	本年新增A股上市企业（家）	A股上市企业总数（家）
2018	3	60
2019	1	61
2020	9	70

（六）保险行业持稳步上升态势，保障功能增强

1. 原保费收入实现较快增长

长沙市保险业保持快速增长，2020年全市共有保险公司（法人和省级分公司）57家。

表1-1-9　长沙市保险业经营情况表[②]

年份	原保费收入（亿元）	保费增速	赔付支出（亿元）
2018	411.82	24.17%	111.66
2019	471.10	14.39%	126.05
2020	523.66	11.16%	152.92

2018—2020年，全市保险业保费收入保持较快增长。2018年全市保险业实现原保费收入411.82亿元，占全省的32.8%，比上年增长24.17%，保险各项赔付支出111.66亿元，占全省的27.20%，比上年增长17.91%；2019年，全市保险业实现原

[①] 数据来源：证监会官网
[②] 资料来源：中国银行保险监督管理委员会

保费收入 471.10 亿元，比上年增长 14.39%，比全省平均水平高 3.15 个百分点，保费收入规模占全省的 33.70%；2020 年，全市原保费收入 523.66 亿元，比上年增长 11.16%。随着新冠肺炎疫情影响的逐渐缓解和消退，企业加速复工复产，保险公司线下展业持续恢复，有效发挥了防风险、保生产和促发展的社会治理功能。

2. 保险业出现分化增长

2019 年，长沙市的财产险公司发展总体平稳，全年实现保费收入 165.44 亿元，增长 17.80%；人身险公司实现保费收入 305.66 亿元，增长 12.60%。全市保险各项赔付支出 126.05 亿元，比上年增长 12.90%。

2020 年，新冠肺炎疫情影响下国民保障需求及意识增强，长沙市健康险、责任险收入分别比上年增长 94%、53%。另外，由于上半年新冠肺炎疫情影响出行，以及 9 月份车险改革导致费率较大幅度下降，财产险公司中的车险业务收入月度平均占比下降，由上年的 63.20% 下降到 54.70%。

（七）直接融资平稳增长，功能增强

据可统计口径，截至 2019 年末，长沙市新增直接融资 712.68 亿元（见表 1-1-10），比上年增长 1.22%，其中股权融资 50.13 亿元、债券融资 662.55 亿元，实现平稳增长，金融发展水平提升。湘江金融中心新入驻金融机构及配套企业 129 家，湘江基金小镇新增基金机构 80 家，基金管理总规模达 2215 亿元。

表 1-1-10　长沙市企业直接融资情况表[①]

年份	股权融资（亿元）	债券融资（亿元）	合计（亿元）
2018	260.66	443.45	704.11
2019	50.13	662.55	712.68
2020	289.42	1854.29	2143.71

2020 年新增直接融资达 2143.71 亿元（见表 1-1-10），比上年增长 201%，其中，

① 数据来源：中国人民银行长沙中心支行官网

股权融资 289.42 亿元，比上年多增 239.29 亿元；债权融资 1854.29 亿元，比上年多增 1191.74 亿元，对实体经济造血、输血和活血的能力增强。特别是债权市场融资发行节奏加快、力度加大，通过支持交通基础设施、民生服务等重大基础设施项目建设，有效对冲新冠肺炎疫情影响下经济下行的压力。

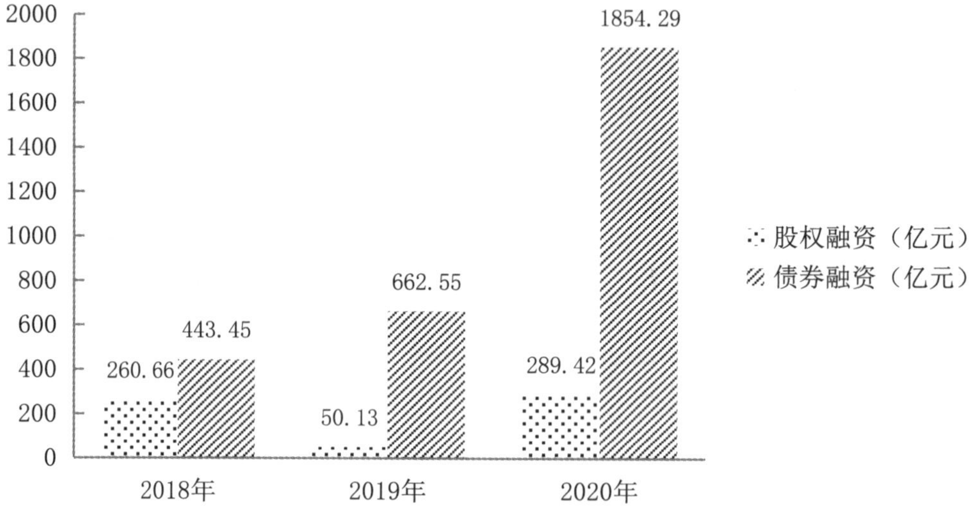

图 1-1-8　长沙市企业直接融资情况图

2020 年，全市共筹建、新设及增资融资担保公司、小贷公司和典当行共 10 家，115 家地方小型金融机构为各类市场主体提供担保及融资 363 亿元。分类看，融资担保公司在保余额比上年增长 33.60%，政府出资控股融资担保公司为企业复工复产减费让利 2679 万元，小微企业综合担保费率下降近 1 个百分点。

二、长沙市金融业布局

（一）产业聚集

2016 年，《长沙市国民经济和社会发展第十三个五年规划纲要》提出：长沙市按照“一主（芙蓉路金融街）、一副（沿江金融聚集带）、一区（金融后台园区）、一园（科技与金融结合的创新园区）”的总体布局，科学制定金融产业发展的空间布局规划，重点建设湘江新区滨江金融中心。2021 年最新出台的《长沙市国民经济和社会发展第十四个五年规划和二〇三五年远景目标纲要（草案）》中，提出长沙市“东拓、西提、南融、北进、中优”的差异化发展战略，因此长沙市金融业也逐渐呈现出多点多格局发展。

（二）金融企业分布

从空间上来看，以芙蓉中路为主轴构建的 8 平方公里金融商务区，中、农、工、建四大国有商业银行的省级分行及其数十家营业网点布局两厢；招商银行、浦发银行、民生银行、华夏银行等全国股份制银行，渣打银行、汇丰银行、新韩银行等外资银行的区域性总部在此云集；方正证券、申银万国、平安财险、新华人寿、中国银联、湖南信托等大量的证券、保险以及综合金融机构也纷纷落定，更有金融中介、金融经纪、互联网金融等新型的金融业态抢滩登陆，占据了长沙市 60% 的金融总量，覆盖了长沙市 90% 以上的金融业态。同时，拥有金融总部聚集区、金融后台服务区、新型金融示范区、金融商务休闲区、金融生活配套区等五大核心功能区的滨江新城金融中心同样聚集着，例如，民生银行、浦发银行、广发银行、吉祥人寿等大批金融机构总部，和证券、期货、基金、小贷、企业集团财务等多类金融机构。

除了芙蓉中路、滨江新区的各类金融机构的聚集，长沙市金融企业也呈现出多区多点发展的格局，例如，进驻了华融湘江银行、国家开发银行湖南省分行、北京银行长沙市分行、大地保险湖南省分公司的南湖滨江片区、已有湖南省信用联社、湘财证券、中华财险湖南省分公司、中国人保寿险湖南省分公司、大有期货、上海普兰长沙分公司等入驻的省府现代金融服务区，等等。

综上所述，长沙市 2020 年全市金融业增加值达到 920.32 亿元，占 GDP 的比重达到 7.60%；A 股上市公司总数达 70 家，数量和市值均排名中部省会第一；金融业税收 219.80 亿元，占全市税收的 10.88%，站在了加快高质量发展的崭新起点。

第二节　传统业态和其他业态发展概况

一、银行业发展概况

（一）银行业整体情况

1. 银行经营机构

截至2020年底，长沙市分布共有国有大型银行6家，全国性股份制银行12家，城商行7家，农商行4家，村镇银行3家，外资银行5家，民营银行1家，共计38家银行机构。其中地方性法人银行10家。截至2020年12月31日，长沙市银行机构总资产为27415亿元，比2019年增长22.77%；总负债26148亿元，比2019年增长20.18%。

2. 银行机构经营效益分析

长沙市本土主要银行机构——长沙银行股份有限公司、华融湘江银行股份有限公司、长沙农村商业银行股份有限公司，2020年末总资产9276亿元，同比增长25.74%，较长沙市其他机构高出2.97个百分点。2020年，长沙市主要银行机构实现营业收入198亿元，实现净利润34亿万元，经营利润与净利润受新冠肺炎疫情政策影响同比均有不同幅度的下降。

3. 银行业从业人员

截至2020年底，长沙市共有银行业从业人员14763人，较2019年增加756人，增幅为5.12%，从业人员稳步扩张。其中管理人员1374人，客户经理、理财经理等营销人员6463人，柜面其他岗位人员6926人。

2020年至2021年第一季度，长沙市各家银行受新冠肺炎疫情影响主要在资产质量、经营指标、短期利润上，三个方面目前都在可控范围内。但由于新冠肺炎疫情对整体金融业影响具有很大的不确定性，未来是否还会受到国内新冠肺炎疫情的影响和国外新冠肺炎疫情的波及尚属未知。

（二）银行业 2020 年业务概况及信贷供给情况

1. 存款情况

从表 1-2-1 来看，截至 2020 年末，全省银行业金融机构各项存款余额 57912.00 亿元，同比增长 9.97%，比上年末提高 2.5 个百分点。长沙市银行业金融机构各项存款余额 23316.81 亿元，占全省存款总量的 40.26%；同比增长 10.78%，高于全省平均增幅 0.81 个百分点。

全省新增存款 5251.64 亿元，同比多增 1593.20 亿元。其中，储蓄存款新增 3458.80 亿元，同比多增 436.80 亿元；财政性存款新增 153.40 亿元，同比多增 2.50 亿元。全市新增存款 2268.36 亿元，同比多增 653.47 亿元。其中，储蓄存款新增 1479.84 亿元，同比多增 316.75 亿元；财政性存款新增 54.69 亿元，同比少增 4.70 亿元。全市财政性存款少增，可看出新冠肺炎疫情对全市经济产生了一定影响，加大了政府财政支出力度。

表 1-2-1　2020 年长沙市主要商业银行存款情况表[①]

金融机构各项存款						
机构名称	本月余额（亿元）	比上月（亿元）	比年初（亿元）	增幅	总量排名	占比
金融机构存款	57912.00	468.78	5251.64	9.97%	——	100.00%
中资全国性金融机构	36386.13	804.09	2817.71	8.39%	——	62.83%
招商银行	855.63	55.93	156.06	22.31%	12	1.48%
浦发银行	628.98	8.84	-0.59	-0.09%	15	1.09%
中信银行	798.91	69.49	161.77	25.39%	13	1.38%
兴业银行	1072.20	103.16	-16.42	-1.51%	10	1.85%

① 数据来源：根据长沙农村商业银行 2020 年资料统计

续表

金融机构各项存款						
机构名称	本月余额（亿元）	比上月（亿元）	比年初（亿元）	增幅	总量排名	占比
民生银行	643.59	-17.09	61.17	10.50%	14	1.11%
光大银行	943.07	-36.57	9.24	0.99%	11	1.63%
省内法人金融机构	20348.38	-42.58	2163.59	11.90%	——	35.14%
长沙银行	5081.29	86.62	769.93	17.86%	5	8.77%
华融湘江银行	2935.33	-60.14	178.27	6.47%	8	5.07%
湖南省农村信用社联合社	10983.85	-167.58	1012.52	10.15%	1	18.97%
长沙市农合机构	2447.11	-55.86	258.34	11.80%	——	4.23%
长沙农商银行	1136.35	-18.25	115.52	11.32%	——	1.96%
星沙农商银行	363.64	-22.97	43.80	13.69%	——	0.63%
宁乡农商银行	316.15	-9.57	30.29	10.60%	——	0.55%
浏阳农商银行	356.46	-10.37	30.77	9.45%	——	0.62%
湘江新区农商银行	274.51	5.30	37.97	16.05%	——	0.47%
全市金融机构存款	23316.81	423.80	2268.36	10.78%	——	40.26%

同时，从表 1-2-1 还可得知，2020 年长沙市各大金融机构存款增速平稳，显示了地区金融业在新冠肺炎疫情期间的可持续发展势头较好。在各类银行占比中，省内法人机构增速相对较快，说明居民储蓄、小微企业商户未受颠覆性冲击，市场经济基础稳固，流动性较好。

2. 贷款情况

从表 1-2-2 来看，2020 年末，湖南省银行业金融机构各项贷款余额 49402.84 亿元，同比增长 16.47%，比上年末提高 0.5 个百分点，贷款增速居全国第 4 位、中部六省第 2 位。长沙市银行业金融机构各项贷款余额 24261.26 亿元，占全省贷款总量的 49.11%；同比增长 14.18%，较全省平均增幅低 2.29 个百分点。

湖南省 2020 年新增贷款 6987.40 亿元，同比多增 1157.60 亿元。其中，个人贷款新增 2686.20 亿元，同比多增 252.60 亿元；非金融企业及社会团体贷款新增 4348.10 亿元，同比多增 936.40 亿元。长沙市 2020 年新增贷款 3012.55 亿元，占全省增长额的 43.11%。其中，个人贷款新增 794.23 亿元，非金融企业及社会团体贷款新增 2143.76 亿元。说明长沙市的信贷需求占全省的一半左右，且新增主要为企业及社会团体贷款。

表 1-2-2　2020 年长沙市主要商业银行贷款情况表[①]

金融机构贷款						
项目名称	本月余额（亿元）	比上月（亿元）	比年初（亿元）	增幅	总量排名	占比
金融机构存款	49402.84	187.31	6987.41	16.47%	——	100.00%
中资全国性金融机构	36370.10	135.18	5247.35	16.86%	——	73.62%
招商银行	592.96	−7.34	80.43	15.69%	19	1.20%
浦发银行	819.94	3.95	76.17	10.24%	15	1.66%
中信银行	854.43	−9.23	168.12	24.50%	14	1.73%
兴业银行	611.13	3.14	143.11	30.58%	18	1.24%
民生银行	736.38	22.42	154.14	26.47%	17	1.49%
光大银行	878.38	−2.14	106.20	13.75%	13	1.78%

① 数据来源：根据长沙农村商业银行 2020 年资料统计

续表

金融机构贷款						
项目名称	本月余额（亿元）	比上月（亿元）	比年初（亿元）	增幅	总量排名	占比
省内法人金融机构	13101.01	21.31	1814.99	16.08%	——	26.52%
长沙银行	2907.37	20.24	536.40	22.62%	7	5.89%
华融湘江银行	2298.06	7.29	240.37	11.68%	10	4.65%
湖南省农村信用社联合社	6988.61	−0.83	918.73	15.14%	1	14.15%
长沙市农合机构	1615.04	2.36	195.98	13.81%	——	3.27%
长沙农商银行	801.27	5.97	107.70	15.53%	——	1.62%
星沙农商银行	229.52	−3.12	23.54	11.43%	——	0.46%
宁乡农商银行	202.90	−0.53	25.21	14.19%	——	0.41%
浏阳农商银行	256.91	−2.24	26.06	11.29%	——	0.52%
湘江新区农商银行	124.44	2.28	13.47	12.14%	——	0.25%
全市金融机构存款	24261.26	83.36	3012.55	14.18%	——	49.11%

结合表 1-2-2，银行业金融机构 2020 年贷款增速明显，增幅较往年有较大提升。主要是受新冠肺炎疫情影响，各银行响应宏观调控政策，加大信贷供给，支持实体经济。从占比来看，中资全国性金融机构因其更高的平台背景，在各类银行中贷款增幅最高。

3. 贷款投放有效支撑实体经济

制造业贷款增速明显高于往年水平。2020 年末，长沙市全市制造业贷款余额同比增长 13.10%,比上年提高 1.37 个百分点。全年新增 45.23 亿元,同比多增 3.41 亿元。

基础设施类贷款增速回升。2020 年末，全市基础设施类贷款余额同比增长 11.42%，比上年末提高 0.54 个百分点。全年新增 154.63 亿元，同比多增 16.89 亿元。

抗疫和受新冠肺炎疫情影响大的行业得到有效支持。2020 年末，全市卫生和社会工作业贷款余额 389.76 亿元，增速 26.74%，高于全部贷款增速 12.56 个百分点；批发零售业贷款全年新增 102.84 亿元，同比多增 16.59 亿元。

普惠领域贷款均保持同比多增。涉农贷款全年新增 953.24 亿元，同比多增 13.42 亿元；民营企业贷款全年新增 846.21 亿元，同比多增 59.45 亿元；中小微企业贷款全年新增 1743.96 亿元，同比多增 152.64 亿元。

个人住房贷款增速持续回落。2020 年末，全市个人住房贷款余额同比增长 16.73%，增速比上年末回落 2.3 个百分点。

二、证券业发展概况

（一）证券业整体情况

1. 证券交易规模

2020 年长沙市证券交易规模继续增长，证券交易成交量累计达 60248 亿元，比上年增长 56.94%，高于全省同期增速 4.88 个百分点，成交量占全省的 57.41%。其中，股票基金交易量达到 48931.12 亿元，比 2019 年增加 56.48%，交易量占全省的 54.54%。在长沙市下辖的 9 个行政区中，芙蓉区 2020 年股票基金交易量为 21328.52 亿元，规模最大；望城区的交易量比 2019 年增加了 248.88%，增速最快。

表 1-2-3　2019 年和 2020 年长沙市股票基金交易量统计表[①]

行政区	2019 年股票基金交易量（亿元）	2020 年股票基金交易量（亿元）	增幅
芙蓉区	12371.67	21328.52	72.40%
天心区	7697.78	10185.35	32.32%

① 数据来源：湖南省证券业协会官网

续表

行政区	2019年股票基金交易量（亿元）	2020年股票基金交易量（亿元）	增幅
雨花区	6051.81	9159.35	51.35%
开福区	2188.19	3387.48	54.81%
岳麓区	1547.17	2678.28	73.11%
长沙县	591.85	977.05	65.08%
浏阳市	438.44	586.25	33.71%
宁乡市	336.59	464.38	37.97%
望城区	47.14	164.46	248.88%
总计	31270.64	48931.12	56.48%

2. 证券经营机构

截至2020年底，长沙市共有证券公司3家，证券分公司47家，证券营业部132家，证券投资咨询公司10家。

截至2020年12月31日，长沙市证券经营机构总资产为13037.92亿元，比2019年的6971.70亿元增长87.01%。2020年长沙市证券经营机构全年实现营业收入21.13亿元，相较于2019年的14.70亿元增长43.74%，经营状况进一步好转。从表1-2-4来看，在9个行政区中，芙蓉区证券经营机构营业收入为9.26亿元，收入最高；望城区的营业收入比2019年增加了2倍，增速最快。

表 1-2-4　2019 年和 2020 年长沙市证券经营机构营业收入统计表[1]

行政区	2019 年营业收入（亿元）	2020 年营业收入（亿元）	增幅
芙蓉区	5.97	9.26	55.11%
天心区	3.16	4.00	26.58%
雨花区	2.83	3.78	33.57%
开福区	1.13	1.68	48.67%
岳麓区	0.87	1.33	52.87%
长沙县	0.32	0.47	46.88%
浏阳市	0.20	0.26	30.00%
宁乡市	0.19	0.26	36.84%
望城区	0.03	0.09	200.00%
总计	14.70	21.13	43.74%

3. 证券行业从业人员

截至 2020 年底，长沙市共有证券从业人员 5324 人，较 2019 年增加 193 人，增幅为 3.76%，从业人员继续扩张。其中证券营销人员 2006 人，证券经纪人 2097 人，证券其他岗位人员 1221 人。

表 1-2-5　2020 年长沙市证券从业人员统计表　（单位：人）[2]

行政区	营销人员	经纪人	其他	合计
芙蓉区	661	586	363	1610
雨花区	484	506	208	1198

[1] 数据来源：湖南省证券业协会官网

[2] 数据来源：湖南省证券业协会官网

续表

行政区	营销人员	经纪人	其他	合计
天心区	344	344	221	909
岳麓区	265	238	214	717
开福区	128	250	154	532
长沙县	52	80	31	163
浏阳市	30	36	20	86
宁乡市	30	32	5	67
望城区	12	25	5	42
总计	2006	2097	1221	5324

4. 证券市场投资者

截至 2020 年 12 月 31 日，长沙市证券经营机构共有沪深证券账户 5109641 户，较 2019 年增加了 730941 户，增幅为 16.69%。全市客户总资产为 13036.85 亿元，较 2019 年增加了 6065.14 亿元，增幅达到 87.00%。

表 1-2-6　2019 年和 2020 年长沙市证券经营机构客户资产统计表[①]

行政区	沪深证券账户数量（户）	账户数量同比增长值	客户资产（亿元）	客户资产同比增长值
芙蓉区	2421128	14.16%	6032.48	80.97%
天心区	1003282	13.91%	4124.15	98.01%
雨花区	681045	7.30%	1361.86	50.30%
开福区	392865	65.73%	837.16	135.34%

① 数据来源：湖南省证券业协会官网

续表

行政区	沪深证券账户数量（户）	账户数量同比增长值	客户资产（亿元）	客户资产同比增长值
岳麓区	343649	32.21%	563.92	164.25%
长沙县	112111	7.97%	58.76	67.22%
浏阳市	70243	2.25%	28.95	12.73%
宁乡市	54073	6.54%	20.19	24.09%
望城区	31245	41.36%	9.38	194.04%
总计	5109641	16.69%	13036.85	87.00%

5. 期货经营机构

在长沙市政府的大力支持下，长沙市期货经营机构进一步发展，网点布局进一步优化，业务范围也得到了进一步拓展。截至 2020 年底，长沙市共有期货公司 3 家，分别是金信期货有限公司、大有期货有限公司和财信期货有限公司。

2020 年末，长沙市期货公司总资产 63.16 亿元，同比增长 55.6%，净资产 13.54 亿元，净资本 10.61 亿元，注册资本 12.33 亿元，客户权益 47.42 亿元。全年期货交易 64275.90 亿元，同比增长 55.60% 和 82.70%，比 2019 年提高 18.3 个百分点，实现利润 0.20 亿元，同比增长 112.50%。

（二）证券公司发展情况

1. 资产规模

长沙市 3 家证券公司——方正证券股份有限公司、财信证券有限责任公司和湘财证券股份有限公司 2020 年末总资产 1748.87 亿元，同比增长 7.45%，全国占比 1.99%；年末净资产 578.67 亿元，同比增长 9.58%，全国占比 2.59%。

具体到证券公司来看，方正证券股份有限公司 2020 年底总资产 1049.25 亿元，净资产 387.15 亿元，在全国 138 家证券公司中排名进入前二十。

表 1-2-7　2020 年长沙市证券公司资产规模统计表[①]

证券公司	总资产			净资产		
	规模（亿元）	全国排名	增幅	规模（亿元）	全国排名	增幅
方正证券	1049.25	19	−6.52%	387.15	15	1.82%
财信证券	406.58	47	66.68%	105.08	51	40.66%
湘财证券	293.04	55	12.20%	86.44	60	18.15%
合计	1748.87	——	7.45%	578.67	——	9.58%

2. 业务收入

2020 年，长沙市证券公司实现营业收入 103.01 亿元，同比增长 18.38%，全国占比 2.34%。其中，经纪业务收入 49.69 亿元，同比上升 48.95%；投资银行业务收入 10.65 亿元，同比增加 24.33%；自营业务收入 12.15 亿元，同比下降 24.37%；资产管理业务收入 3.65 亿元，同比减少 42.64%。2020 年，长沙市证券公司实现净利润 21.09 亿元，同比增长 16.99%，全国占比 1.24%，3 家公司全部实现盈利，且净利润同比均有不同幅度的增长。

表 1-2-8　2020 年长沙市证券公司经营指标统计表[②]

证券公司	营业收入			净利润		
	规模（亿元）	全国排名	增幅	规模（亿元）	全国排名	增幅
方正证券	69.33	19	17.99%	10.96	33	8.82%
财信证券	18.15	52	26.30%	5.29	54	30.00%
湘财证券	15.53	62	11.81%	4.84	56	24.54%
合计	103.01	——	18.38%	21.09	——	16.99%

① 数据来源：中国证券业协会官网
② 数据来源：中国证券业协会官网

3. 风控合规情况

2020 年末，长沙市证券公司整体风险覆盖率为 290.12%，资本杠杆率为 32.62%，流动性覆盖率为 247.86%，净稳定资金率为 177.99%，各项风险控制指标均符合《证券公司风险控制指标管理办法》的规定。

表 1-2-9　2020 年长沙市证券公司风险控制指标统计表[①]

证券公司	风险覆盖率	资本杠杆率	流动性覆盖率	净稳定资金率
方正证券	337.16%	27.30%	154.60%	142.08%
财信证券	254.30%	30.15%	265.36%	199.63%
湘财证券	278.89%	40.42%	323.63%	192.25%
监管标准	100%	8%	100%	100%

具体到证券公司来看，根据中国证监会公布的 2020 年证券公司分类评价结果，方正证券和财信证券达到 A 级，湘财证券是 BBB 级，说明湖南证券公司的综合竞争力还有提升的空间，合规风控工作仍需加强。

4. 服务实体经济情况

长沙市证券公司积极发挥专业能力，综合运用直接融资、交易服务等方式服务实体经济，支持资本市场深化改革。2020 年，长沙市证券公司共保荐 2 家公司发行上市，完成 3 家公司再融资项目，完成公司债、企业债、非政策性金融债、地方政府债等各类债券承销规模 891.72 亿元。

（三）股权融资情况

1. 证券交易所上市公司

近年来，长沙市委、市政府把企业“入规、升高、上市、扩面”作为有力抓手，

① 数据来源：各证券公司 2020 年财务报告

旗帜鲜明、真金白银支持企业上市，为经济高质量发展打下了坚实基础。

首先，对进入首发上市程序的企业分三个阶段给予总额200万元补助。第一阶段为企业在中国证监会湖南监管局进行了上市辅导备案后，补助100万元；第二阶段为企业向中国证监会递交上市申报材料并获受理后，补助50万元；第三阶段为企业通过中国证监会审核并发行上市后，补助50万元。对在沪深交易所借壳上市和境外主板上市的企业，在上市成功后给予一次性200万元补助。

其次，支持和鼓励上市公司通过资本市场积极开展境内外并购重组，整合优质资源，推动产业转型升级，提升企业综合竞争能力。加大对ST上市公司的支持力度，使其恢复再融资能力和持续发展能力。对企业在多层次资本市场开展再融资和并购重组业务的，通过产业投资基金参与投资等方式给予扶持。

2019年，长沙市成立了湖南省首家企业上市服务中心，从后备力量培育、企业上市全流程跟踪服务、组建专家资源服务团队、搭建交流对接平台、资本市场政策普及、融资信息共享等多方面发力，为企业提供"保姆式""店小二"式的服务。

在长沙市委、市政府的大力支持下，2020年，长沙市努力克服新冠肺炎疫情造成的影响，提前谋划、积极应对、有序推进，新增上市公司9家，其中首发7家，迁入2家，年末A股上市公司达70家，位居中部地区六省省会第一、全国省会城市第五。另有10家在审企业和17家省证监局辅导备案企业。截至2020年12月31日，长沙市70家上市公司的总市值为1.35万亿元，排中部六省省会第一，爱尔眼科、蓝思科技、芒果超媒已经成为千亿级龙头企业。

通过首次公开发行、增发、配股等形式，长沙市有16家上市公司在2020年共融资382.98亿元。

表1-2-10　2020年长沙市上市公司股权融资情况统计表[①]

序号	代码	名称	上市日期	上市板块	所在区域	融资（亿元）
1	000900	现代投资	1999-01-28	深交所主板	天心区	10.02
2	000932	华菱钢铁	1999-08-03	深交所主板	天心区	87.35
3	002505	鹏都农牧	2010-11-18	深交所中小板	高新区	15.93

① 数据来源：各公司2020年度财务报表

续表

序号	代码	名称	上市日期	上市板块	所在区域	融资（亿元）
4	002533	金杯电工	2010-12-31	深交所中小板	高新区	6.92
5	002986	宇新股份	2020-06-02	深交所中小板	雨花区	11.33
6	300015	爱尔眼科	2009-10-30	深交所创业板	天心区	23.37
7	300358	楚天科技	2014-01-21	深交所创业板	宁乡市	3.50
8	300866	安克创新	2020-08-24	深交所创业板	高新区	27.19
9	600156	华升股份	1998-05-27	上交所主板	天心区	2.24
10	600390	五矿资本	2001-01-15	上交所主板	高新区	79.77
11	601577	长沙银行	2018-09-26	上交所主板	岳麓区	59.91
12	603353	和顺石油	2020-04-07	上交所主板	望城区	9.28
13	688100	威胜信息	2020-01-21	上交所科创板	高新区	6.89
14	688157	松井股份	2020-06-09	上交所科创板	宁乡市	6.86
15	688189	南新制药	2020-03-26	上交所科创板	浏阳市	12.23
16	688289	圣湘生物	2020-08-28	上交所科创板	高新区	20.19
合计						382.98

2. 新三板挂牌公司

长沙市对在新三板挂牌的企业，在挂牌后给予一次性 50 万元补助。自企业挂牌第二年起，当年净利润达到 100 万元以上（含 100 万元）的给予 20 万元持续督导费补助，补助年度累计不超过 3 年。2020 年，长沙市新增新三板挂牌公司 1 家，精选层在审企业 3 家，辅导报备企业 1 家，年末新三板挂牌公司达 101 家，占湖南省 165 家挂牌公司的 61.21%。

3. 湖南股权交易所挂牌公司

长沙市对在湖南股权交易所标准板挂牌满一年，经营规范，挂牌当年营业收入不低于1000万元且净利润不低于100万元的企业，给予一次性30万元的补助。2020年，长沙市新增在湖南股交所挂牌公司53家，年末股交所挂牌公司达189家。

（四）债券融资情况

企业发展过程中融资是一个棘手问题，长沙市高度重视企业融资难问题，支持经济效益好、社会信誉度高的企业利用企业债券、公司债券、中期票据和短期融资券等各类债券进行直接融资；鼓励和引导有潜力的中小企业发行集合债券和集合票据；鼓励地方金融机构积极创造条件申请发行次级债等资本性债务工具和金融债；鼓励本市符合条件的企业或机构发行绿色债券，探索建立专业化的担保和增信机制支持长沙市绿色债券的发行。2020年，长沙市企业通过发行公司债券，共计融资1854.29亿元，比2019年增加1192亿元，融资规模进一步扩大。

三、保险业发展概况

（一）保险业整体经营情况

2020年长沙市原保费收入合计523.66亿元，在全省原保费收入中占比超过三分之一，其中财产险保费收入153.93亿元，寿险保费收入262.59亿元，意外伤害险保费收入14.17亿元，健康险保费收入92.98亿元。保费余额较2019年同比增长11.16%，高于全省2.78个百分点。

由于受新冠肺炎疫情影响，国民保障需求及意识增强，健康险保费增长最快，达到26.28%。随着全社会健康保障意识的持续提升，消费者对商业健康险需求持续增强的同时，对产品品质和服务体验也有了更高的要求。展望未来，商业健康险的市场运行将不断规范，基本医保与商业健康险的功能定位将更加清晰，不同人群的健康保障需求将更加细化，技术创新的趋势更加明显，将进一步推动商业健康险风控定价、服务效率、销售方式等方面的创新发展。

表 1-2-11　2020 年长沙市原保费收入统计表[①]

年度	财产险（亿元）	寿险（亿元）	意外伤害险（亿元）	健康险（亿元）	合计（亿元）
2019 年	146.33	238.37	12.77	73.63	471.10
2020 年	153.93	262.59	14.17	92.98	523.66

（二）人寿保险市场

2020 年，长沙市寿险市场克服新冠肺炎疫情带来的前所未有的冲击和挑战，坚决贯彻落实中央和地方政府的决策部署，因时因势精准施策，多措并举，统筹推进新冠肺炎疫情防控和业务发展，克服经济下行的压力，负重前行，积极开拓市场。2020 年长沙市寿险保费收入 262.59 亿元，占全省寿险保费收入的 34.51%，为全省第一。

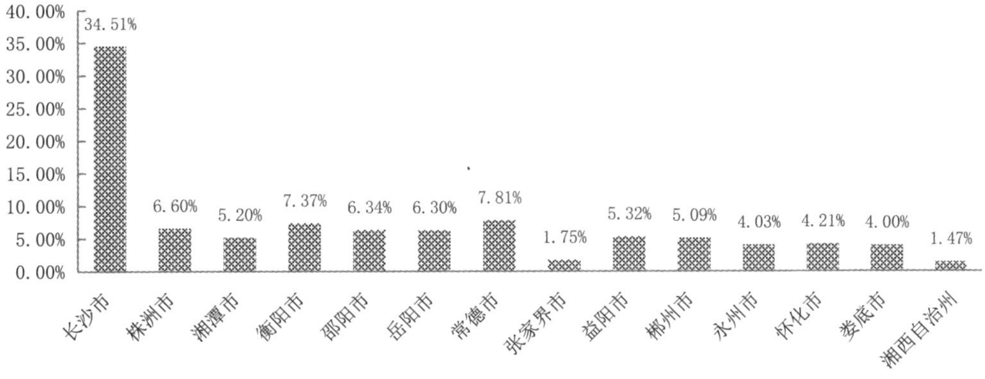

图 1-2-1　2020 年湖南省各地人寿保险保费收入占比图[②]

（三）财产保险市场

2020 年，长沙市财产险保费收入为 163.93 亿元，占全省财险保费收入的 37.64%。由于新冠肺炎疫情影响出行以及车险改革导致费率较大幅度下降，长沙市产险公司中车险业务收入月度平均占比由上年的 63.20% 下降至 54.70%。

① 资料来源：中国银行保险监督管理委员会湖南监管局
② 资料来源：中国银行保险监督管理委员会湖南监管局

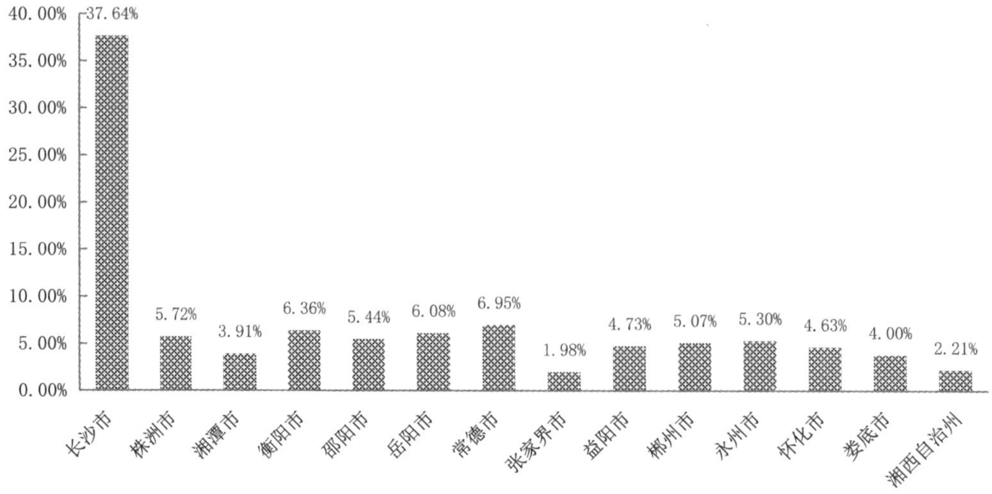

图 1-2-2　2020 年湖南省各地财产保险保费收入占比图[①]

四、其他业态发展

（一）金融信托

随着资管新规等一系列监管政策的落地实施，金融信托业整体向特色化经营深度转型。金融信托体制变革和业务发展模式与经济发展深度融合，承担着重要历史使命。我国经济已转向高质量发展阶段，新基建、新兴战略产业、新经济带、新贸易路，对长期资金的进入有着大量需求。金融信托行业发挥信托制度融资优势，引导更多资金投向新兴产业，促进经济转型。在经济社会蓬勃发展的大潮之中，湖南信托已经成为助推湖南经济发展不可或缺的金融力量。

湖南省财信信托有限责任公司（简称“财信信托”），原名湖南省信托有限责任公司，1985 年经湖南省人民政府批准成立，2002 年经中国人民银行总行核准重新登记，2008 年获得了中国银行业监督管理委员会（现中国银行保险监督管理委员会，以下简称“银保监会”）颁发新的金融许可证，是目前湖南省唯一保留的信托机构，也是湖南省内唯一能够同时涉足资本市场、货币市场和产业市场的非银行金融机构。公司现有股东为湖南财信投资控股有限责任公司和湖南省国有投资经营有限公司，注册资

① 资料来源：中国银行保险监督管理委员会湖南监管局

本 43.80 亿元。公司业务主要分为信托业务和固有业务两大类。

信托业务包括资金信托、动产信托、不动产信托、有价证券信托、其他财产或财产权信托。开展的信托业务种类主要有：市政基础设施类信托，房地产类信托，PE 投资类信托，证券投资类信托，高科技、高成长产业类信托，信贷资产转让类信托，农林牧渔类信托以及企业改制、重组、收购类信托等。固有业务主要包括贷款、金融类股权投资、金融产品投资等类型。

（二）消费金融

党的十九大报告将消费定位为对经济发展起基础性作用的产业，在双循环政策背景下，消费已成为拉动我国经济增长的主要驱动力。人们的物质消费水平正在从“量变”向“质变”转变，居民对高品质商品需求不断增加，消费者对与消费相关的金融服务需求逐步释放，主动型消费金融需求不断增长。随着科技在消费金融领域运用的深度和广度的进一步提升，消费金融行业整体规模较快增长，各类机构相继发力。

目前我国共 27 家持牌消费金融机构，另有 6 家处于排队申请过程中以及 2 家需要重新确定出资人进入排队申请名单。消费金融公司数量超过 1 家的省级行政区有北京（3 家）、上海（3 家）、广东（2 家）、福建（2 家）和重庆（2 家）；而各拥有 1 家消费金融公司的省级行政区有辽宁、黑龙江、天津、山东、内蒙古、河北、四川、陕西、江苏、浙江、湖北、安徽、山西、河南、湖南；尚有 11 个省级地区未设立消费金融公司。

根据目前市场上的持牌消费金融公司根据发起股东不同，主要分为银行系、产业系和自主系三大类。其发展模式有纯线下发展模式、线上加线下发展模式和纯线上发展模式三种。

目前，长沙市主要的消费金融公司以长银五八消费金融股份有限公司为例（简称“长银五八”），于 2017 年 1 月 24 日正式开业，也是经中国银保监会批准的湖南首家持牌消费金融公司，由长沙银行股份有限公司、北京城市网邻信息技术有限公司、长沙通程控股股份有限公司共同发起设立，总部位于湖南长沙。公司现有注册资本 9 亿元，其中长沙银行股份有限公司出资 4.59 亿元，占比 51%；北京城市网邻信息技术有限公司出资 2.97 亿元，占比 33%；长沙通程控股股份有限公司出资 1.44 亿元，占比 16%。

长银五八的经营范围是：发放个人消费贷款、接受股东境内子公司及境内股东存款、向境内金融机构借款、经批准发行金融债券、境内同业拆借、与消费金融相关的咨询、代理业务、代理销售与消费贷款相关的保险产品、固定收益类证券投资业务、经监管部门批准的其他业务。长沙银行 2020 年年报披露，长银五八实现营业收入 13.68 亿元，同比增长 92.10%；净利润 2.81 亿元，同比增长 33.80%。截至 2020 年 12 月 31 日，长银五八资产总额为 138.48 亿元，净资产 12.69 亿元。

（三）融资租赁

目前 73 家金融租赁公司的注册资本合计接近 2500 亿元，其中以银行系注册资本规模最大，特别是国有大行和国开行。其中，超过 100 亿元的金融租赁公司有 3 家，分别为工银金融租赁（180 亿元）、交银金融租赁（140 亿元）、国银金融租赁（126.42 亿元）；注册资本在 50 亿元～ 100 亿元之的金融租赁公司有 13 家。

金融租赁公司的注册地主要集中于天津和上海，合计达到 23 家。注册地在天津的金融租赁公司有 13 家，分别为工银金融租赁、兴业金融租赁、皖江金融租赁、中信金融租赁、中铁建金融租赁、民生金融租赁、中国金融租赁、中车金融租赁、天津国泰金融租赁、天银金融租赁、华运金融租赁、中煤科工金融租赁、邦银金融租赁。注册地在上海的金融租赁公司有 10 家，分别为交银金融租赁、农银金融租赁、交银航空航运金融租赁、浦银金融租赁、太平石化金融租赁、招银航空航运金融租赁、招银金融租赁、长江联合金融租赁、华融航运金融租赁、广融达金融租赁。

另外北京、武汉和重庆三地的金融租赁公司合计达到 9 家（各 3 家），而广州市、济南市、兰州市、南京市、深圳市、石家庄市、无锡市等 7 个城市的金融租赁公司数量合计达到 14 家（各 2 家）。

73 家金融租赁公司的总资产规模达到 3 万亿元，但分化程度比较明显，全国性银行优势明显，地方性银行旗下的江苏金融租赁总资产规模也达到了 665 亿元。其中有 8 家金融租赁公司的总资产规模超过 1000 亿元，3 家金融租赁公司的总资产规模超过 2000 亿元（分别为工银金融租赁、交银金融租赁和国银金融租赁）。

随着大量融资租赁公司的成立，湖南省融资租赁市场不断壮大，但租赁渗透率较低，与发达国家和地区相比仍存在差距。主要融资租赁公司有中联重科集团财务有限公司、湖南天祥融资租赁有限公司、湖南时代金桥融资租赁有限公司、弘正利源资本（湖南）融资租赁有限公司、富鸿资本（湖南）融资租赁有限公司、财富天下（湖南）

融资租赁有限公司等。

为贯彻落实全国第五次金融工作会议，促进全省融资租赁行业规范健康发展，根据《中华人民共和国民法典》《中华人民共和国公司法》、银保监会《融资租赁公司监督管理暂行办法》（银保监发〔2020〕22号）、国家发展改革委和商务部《市场准入负面清单（2020年版）》等有关法律法规和文件精神，立足湖南省融资租赁行业发展实际和监管工作需要，湖南省地方金融监管局在征求相关部门意见基础上，制定了《湖南省融资租赁公司监督管理指引（试行）》。以期加强行业监管，促进行业规范发展，更好地引导融资租赁公司服务实体经济发展。

（四）互联网金融

近几年来，国内P2P网贷问题平台正在迅速增加。与此同时，银保监会进一步加强了对互联网金融业务的监管。先后下发了《网络借贷信息中介机构业务活动管理暂行办法》《网络借贷信息中介备案登记管理指引》《网络借贷资金存管业务指引》《网络借贷信息中介机构业务活动信息披露指引》等文件，对互联网金融平台开展业务进行规范和指导。随着“一个办法，三个指引”的稳步实施，互联网金融整体开始向绿色健康方向发展。

2016年以来，湖南省P2P网贷行业一直在进行专项整治，至今未有一家平台完全合规通过验收。湖南省地方金融监督管理局称其他开展P2P业务的机构及外省在湘从事P2P业务的分支机构均未纳入行政核查，对其开展的P2P业务一并予以取缔。

2019年，湖南省地方金融监督管理局官网发布公告称，根据国家P2P网贷整治有关文件精神及《湖南省P2P网络借贷风险专项整治整改验收工作方案》《湖南省P2P网络借贷机构合规检查工作方案》要求，经各市州现场检查验收，湖南省互联网金融风险专项整治工作领导小组办公室、湖南省P2P网络借贷风险专项整治工作领导小组办公室等相关部门会商会审，一致认定湖南省整治名单内纳入行政核查的24家网贷机构P2P业务均不符合“一个办法，三个指引”有关规定，现予以取缔，24家机构分别是久融金融、创世介贷/介贷网、发发金融/国金所、升隆财富、看看钱包、信投宝、湖湘贷/湖湘财富、工程惠贷、星火钱包、建工E贷、坤融网、钱途无忧、债融易、中兴易贷、惠富天下、余易贷、利聚网、云金融、世富资本、58车贷、蜂投网、万利金融、新融网、e资产。

第三节　金融业支持地方产业和实体经济发展情况

一、金融业支持产业发展情况

（一）目前金融业重点扶持的产业

从全国范围来看，按照中央经济工作会议的决策部署，继续贯彻实施适度宽松货币政策，保证重点产业调整振兴合理的资金需求，着力扩大内需、优化信贷结构，推动经济发展方式转变和经济结构调整，淘汰落后产能，提高经济发展质量和效益，保持国民经济平稳可持续发展。根据国务院关于汽车、钢铁、电子信息、物流、纺织、装备制造、有色金属、轻工、石化、船舶等重点产业调整振兴规划的总体要求。

按照国家产业政策和金融宏观调控的要求，紧密结合辖区实际，积极加强信贷政策宏观指导，更多运用市场化手段鼓励和引导金融机构不断调整和优化信贷结构，把握好信贷投放的方向、力度和节奏，合理配置信贷资源。信贷政策指导要增强针对性、前瞻性和有效性。同时，对已经出台的信贷政策要加强导向效果评估，有效疏通政策传导渠道，提高政策导向效果。信贷投放要体现“区别对待，有保有压”的原则，资产负债综合管理要更好地服务于促进经济科学发展。对属于产能过剩的产业项目，要从严审查和审批贷款。

以长沙市天心区为例，2019 年出台的《天心区金融服务重点支持企业名单制度》，金融重点向辖区内先进装备制造、新材料、生物医药、新能源、信息技术、节能环保等高新技术产业企业；大数据（地理信息）、人力资源等特色产业企业；文化创意等区域主导产业企业倾斜，同时还包括上一年度获得或继续维持有效状态的省级及省级以上认定、资质、示范、表彰等企业；产业带动能力强、经济效益高、发展前景好、信用记录优的创新型或高成长型企业；“专精特新”小巨人企业，瞪羚企业；新技术、新产业、新业态、新模式“四新经济”企业；优先选择纳入产业规划、政府重大项目库的企业，以及实施两化融合、智能化改造、绿色化改造的企业。

（二）融资较难且需要金融业支持的领域

由于中小企业自身特征，偿债能力弱、融资规模较小、财务规范性差、缺乏完善的公司治理机制等问题，中小企业抵御风险的能力一般较弱。因此，大型金融机构一般缺乏相关的金融服务方案，主要因为银行为了控制风险，设置了复杂的风控手续，最终实现收益一般较低。针对中小企业融资一般都是通过地下钱庄、私募基金、担保公司、投资公司等来获取企业发展需要的资金。提倡综合利用政府资助、科技贷款、资本市场、创业投资、发放债券等方式加强对于中小企业的融资支持。但尚未建立完善的中小企业融资租赁或称为中小企业融资重要渠道，中小企业融资重见新曙光。中小企业的融资问题一直以来是中国经济发展中的问题，通过分析其制约因素，可以归结为外部环境因素及中小企业自身因素，对制约因素的分析是解决问题的先决途径。大型企业能够容易地在资本市场和货币市场上得到资金，而针对中小企业的融资门槛却相应被提高了许多，中小企业要取得贷款必须付出更大的成本。

二、金融业支持中小企业发展状况

（一）湖南省中小企业融资现状

从宏观层面来看，2020 年全国范围内新注册中小企业共计 1.36 万家，同比增长 22.80%，从地区分布情况来看，湖南省以 125.00% 的同比增长率遥遥领先于其他省份，湖南省中小企业数量（含个体工商户）已达 470 万户。

2019 年，湖南省中型和小型企业贷款占比分别为 30.90% 和 31.10%（见表 1-3-1），与同期大型企业体量相当，主要得益于近年来湖南省通过完善中小企业常态化金融支持体系、政府性融资担保体系、开展应收账款融资专项行动、推进“银税互动”提质扩面等金融政策措施缓解中小企业融资困境。但微型企业贷款占比显著低于大中小型企业，2019 年末，微型企业年末贷款余额为 941.33 亿元，占比仅为 3.88%。鉴于微型企业占比明显偏低、近年来贷款占比提升幅度有限，叠加 2020 年新冠肺炎疫情冲击的影响，后续湖南省银行业金融机构应当持续增强对微型企业金融扶持。2020 年末，大型企业贷款占比 32.39%，中型企业占比为 32.96%，小型企业占比为 30.75%，而微型企业占比不到 3.90%。

表 1-3-1　湖南省大、中、小型和微型企业年末贷款余额情况表[①]

年份	大型企业（亿元）	中型企业（亿元）	小型企业（亿元）	微型企业（亿元）	贷款总额（亿元）
2018	7334.82	6405.52	6944.27	729.09	21413.70
2019	8286.17	7503.74	7553.31	941.33	24284.55
2020	9053.99	9212.62	8594.59	1091.43	27952.63

（二）长沙市中小企业融资现状

目前，长沙市中小企业在发展中还面临不少困难和问题，比如，政策环境不完善、创业门槛高、资金需求无法满足、市场准入和退出机制不健全、社会化服务体系滞后、鼓励支持中小企业创业的政策尚缺乏相应有效的配套措施等，其中，融资困难是中小企业发展过程中最突出和最普遍的一个问题，也是制约中小企业发展的“瓶颈”。中小企业普遍存在规模优势小、固定资产少、抵押物不足、信用等级低的固有特点。在融资方面，相较于大型企业，其融资金额小，但频率高、时间急，这些都一定程度上导致了中小企业融资难的现状。

根据 2019 年中国民主同盟长沙委员会委托长沙市市场监督管理局向 200 余家中小企业发放的一项调查问卷，长沙市中小企业融资现状可以从以下几个层面分解。

1. 总体需求程度层面

从受访的 131 个企业来看（见图 1-3-1），长沙市中小企业对融资需求的需求相对旺盛。认为企业今年资金需要比去年增加的受访者占 67.20%，认为与去年持平的占 26.70%，认为比去年减少的占 6.10%。

根据长沙市市场监督管理局调查问卷，从企业运营的资金状况来看，56.49% 的企业资金紧张，只有 9.16% 企业选择了宽裕。结合企业目前的盈利情况来看，只有 51.91% 的企业利润保持增长，利润下降和亏损的企业各占一半。

[①] 数据来源：《湖南省统计年鉴 2018》《湖南省统计年鉴 2019》《湖南省统计年鉴 2020》

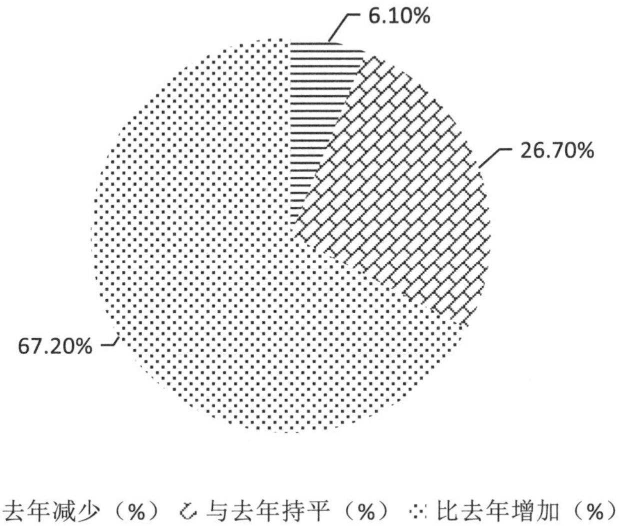

图 1-3-1　2020 年长沙市中小企业资金需求变化图[①]

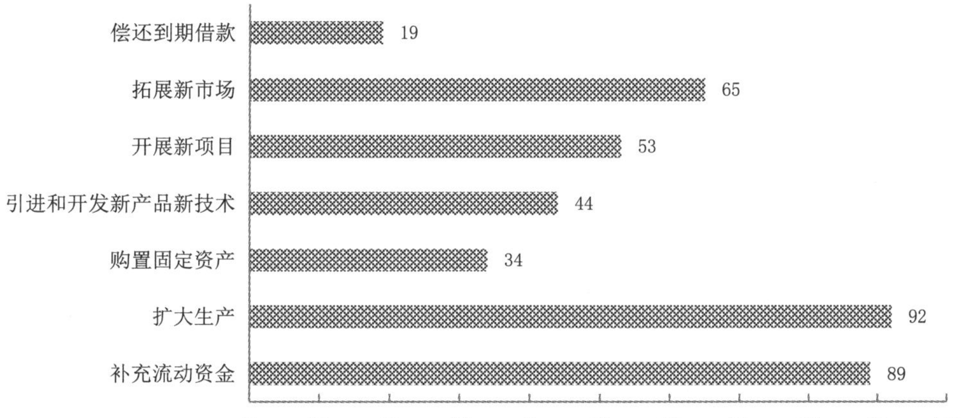

图 1-3-2　企业融资主要目的分析图　（单位：家）[②]

根据调查中的“融资主要目的”的多项选择问题（见图 1–3–2），位居前列的选择是扩大生产规模和补充运营流动资金，分别有 92 家企业和 89 家企业，引进和开发新产品新技术以为目的有 44 家，最少的选项是为应急偿还到期欠款为目的，共 19 家。

[①] 数据来源：长沙市市场监督管理局调查问卷

[②] 数据来源：长沙市市场监督管理局调查问卷

2. 资金获取渠道层面

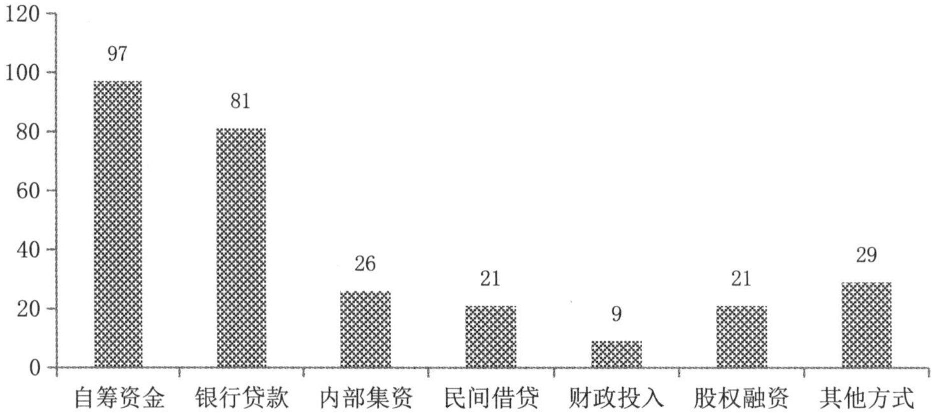

图 1-3-3 企业资金来源的渠道分析图 （单位：家）[①]

在调查中，关于“企业资金来源的渠道”（见图 1-3-3）的问题上，97 家企业在筹资时首先考虑自筹资金，即依靠企业在生产经营过程中的留存收益，不断地将积累下来的资金转为继续投资，这类融资费用很低。排在第二的是银行贷款，有 81 家企业选择。选择民间借贷只有 21 家企业，原因之一主要是认为民间借贷的利息较高。在后面“企业对目前民间贷款实际利率的看法”的这一调查中，有 82.44% 的受访企业认为民间贷款实际利息明显偏高很难承受。选择权益性融资只有 21 家，其他途径融资占 12.00%，选择财政投入的最少，仅占 2.00%

长沙市中小企业内部自身资金积累占据中小企业流动资金来源的绝大部分比例，外部融资如民间借贷、银行贷款、商业借用等仅占小部分，反映了长沙中小企业融资渠道比较单一。而且，随着中小企业的逐步壮大发展，其资金需求日益增加，仅靠内部融资途径已经无法满足其需求,这种自我滚动式发展也不能适应时代和市场的发展。

在股权融资方面，无论是主板市场还是创业板市场，对欲上市融资的企业都有严格限制,如上海证券交易所关于企业首次公开发行股票并上市主要条件包括主体资格、规范运行和财务指标。中小企业通过股权融资难度大、成本高、风险大，难以筹得资金。在债券融资方面，许多大型企业都被挡在债券融资的门外，中小企业进行债券融资的难度就更加困难。

① 数据来源：长沙市市场监督管理局调查问卷

3. 资金获取难度层面

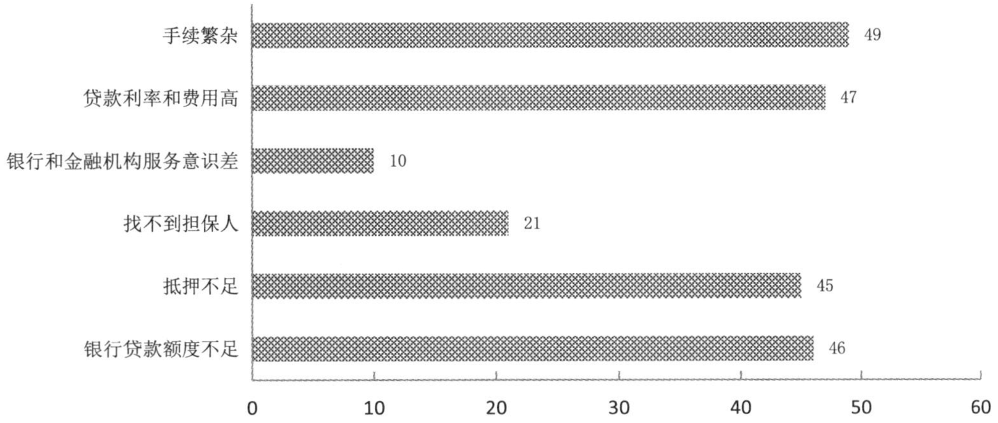

图 1-3-4　中小企业贷款主要困难分析图　（单位：家）①

调查结果还显示，国有银行和商业银行的融资获批率最低，分别占 44% 和 27%。

在关于“在贷款过程中遇到的主要困难”（见图 1-3-4），排在前三的困难分别是手续繁杂、贷款利率和费用高、银行贷款额度不足。

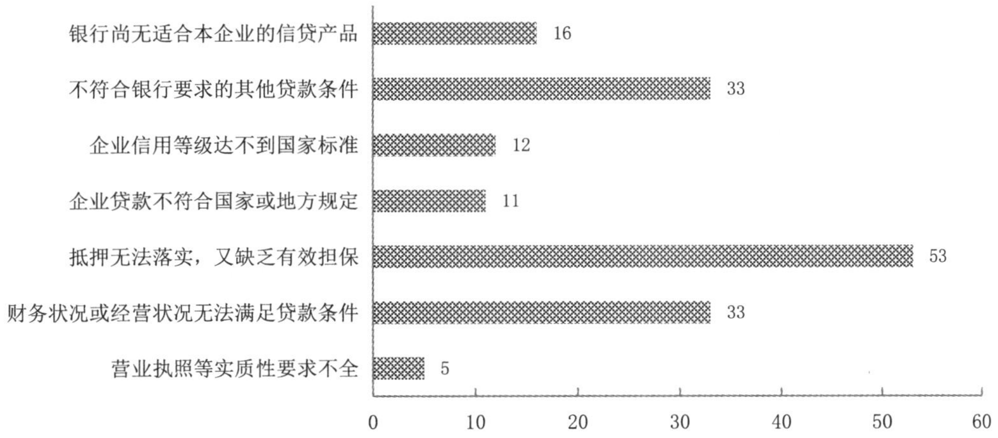

图 1-3-5　企业融资未获批原因分析图　（单位：家）②

在此基础上，针对“融资未获批，银行以下列哪些原因为由拒绝企业的申请”（见图 1-3-5）的问题，选择最多的是“抵押物无法落实，又缺乏其他有效担保”。“财务状况或经营状况无法满足贷款条件”和“不符合银行要求的其他贷款条件”排在第二。

① 数据来源：长沙市市场监督管理局调查问卷

② 数据来源：长沙市市场监督管理局调查问卷

（三）长沙市中小企业融资难原因分析

1. 财务透明度低

大型金融机构融资需要企业财务透明化，定期公布盈利及亏损情况，以及公司未来发展方向，从而让投资者清晰企业发展的前景，感受到一个积极面对风险的大企业形象。而中小企业的各项制度处于雏形阶段，不够成熟，如财务管理制度不透明，财务报表相关信息不够完善，企业管理人员单一，多处于一个人说了算的状态，家族垄断现象也很常见，内部结构复杂及信息的不透明，导致大型金融机构不愿贷款。

2. 企业管理问题

现阶段，中小企业多是依靠劳动力发展，虽然解决了大量劳动力的就业问题，但是管理也成了另一个难题。劳动力素质不一，劳动积极性不一，企业缺乏良好的管理者，无法全面调动劳动者的积极性，如对于财务管理和员工晋升制度来说，财务管理没有监督制度，违规现象时有发生，造成中小企业流动资金的短缺，甚至出现无资金可用、拖欠劳动者工资的局面。某些人事管理人员利用职权以权谋私，企业内部人员管理公平性不足，降低劳动者积极性，不利于中小企业的经济发展。

3. 规模小，缺乏抵押资产

中小企业本身规模小，缺乏抵御风险以及化解经济危机的能力，所以会寻求金融机构贷款的方式解决资金问题。大部分金融机构采取抵押贷款的方式，然而现实情况是，中小企业除去维持正常的生产运营资产之外，根本没有富余资产去用作抵押，因此，造成金融机构因为其抵押资产少，提供贷款少甚至不贷款的情况。

4. 中小企业声誉欠佳

目前，市面上不乏不良商人利用中小企业名头，实际是空壳公司进行贷款诈骗，利用金融机构的贷款政策将所贷资金用于自己私人目的，例如，转移资产、卷款潜逃等，并在转移资金之前宣布企业破产，无力偿还贷款而所抵押资金少，长此以往金融机构对中小企业的贷款意愿逐渐降低，面对中小企业的贷款申请难免会严格审核，各类程序复杂烦琐，影响中小企业获批贷款的数量和时间。

第二章
长沙市金融业发展特色与优势

近年来，长沙市积极推进金融体制改革，不断完善金融调控和监管职能，积极创新金融组织体系和发展模式，逐步形成了多元化的金融体系，金融改革创新持续深化，赋能“双循环”新发展格局，打造长沙自贸科技金融中心。同时在金融业整体发展环境和发展政策上具备一定优势，伴随着长株潭一体化进程以及和粤港澳大湾区、长江经济带的互联互通，也具备较大的发展空间。

第一节　长沙市金融业发展特色

一、多元化金融体系基本形成，打造自贸科技金融中心

近年来，长沙市按照国家金融体制改革的总体目标和《长沙市国民经济和社会发展第十三个五年规划纲要》有关要求，根据市场发展的趋势，积极推进金融体制的改革，不断完善金融调控和监管职能，积极创新金融组织体系和发展模式。

（一）金融主体不断增加

通过引进和培育，长沙市已逐步形成多门类、多层次和多功能金融组织体系，各类金融机构纷纷布点长沙。首家法人保险机构财信吉祥人寿保险公司、首家民营银行三湘银行、首家长沙五八消费金融公司、首家市属AMC——长沙湘江资产管理公司相继成立；农村金融组织股权改制全部完成，组建长沙农商银行；村镇银行实现县域全覆盖；成功培育步步高小贷、中和农信等一批全国龙头小贷公司，全省5家网络小贷公司全部落子长沙市。全市各类金融机构近380家，涵盖银行、证券、保险、信托、期货、资产管理、财务公司、汽车及消费金融、私募股权等多业态。随着金融市场的逐步完善，长沙现代金融体系得到不断发展。

（二）打造自贸科技金融中心

2020年9月21日，国务院正式印发《中国（湖南）自由贸易试验区总体方案》，湖南自贸区正式成立。根据规划，湖南自贸区长沙片区覆盖约79.98平方千米，基于区域产业基础及发展机遇，以及完善片区配套的需求，结合绿地优势产业资源，拟打造集总部办公、商业贸易、跨境金融、科创中心、酒店服务、人才公寓、体验式潮流时尚商业、生态住区等产业功能于一体的自贸科技金融集聚区。

二、金融改革创新持续深化，赋能“双循环”新发展格局

（一）金融改革有序进行，上市工作突出

2020 年 11 月，长沙市正式获批成为数字人民币试点城市，成为中部唯一的试点城市。上市工作突出，长沙荣获“2020 上市竞争力领先城市”，2020 年，长沙市新增上市公司 9 家，年末 A 股上市公司达 70 家，位居中部省会第一、全国省会城市第五，全市 A 股上市公司总市值 1.35 万亿元，居中部省会第一，爱尔眼科、蓝思科技、芒果超媒已成为千亿级龙头企业。金融为实施“三高四新”战略、畅通“双循环”注入强大动力。

（二）金融创新不断发展，绿色金融产品和服务体系逐步完善

通过金融科技引领，完善产业链创新链融资体系，加大对高端制造业、创新企业和引领性产业集群的支持力度；着力提升绿色金融、小微企业、数字普惠金融等金融服务能力，通过金融支持民生发展和乡村振兴，释放消费潜力，促进扩大内需；推进治理体系和治理能力现代化，实现调控、监管、市场之间更友好的结合，有效防范系统性风险，并结合国家重大发展战略，优化金融改革开放布局，包括推进区域金融改试验区建设、发展数字经济、数字人民币试点等，形成与本地区经济结构、产业特点和居民需求相适应的金融服务体系，促进金融要素高效聚集、合理流动和金融市场融合发展。

（三）资本市场改革提速，助力实体经济提质发展

首先，国家不断从多方面来提升上市公司的质量，随着资本市场基础制度建设日益健全及全面注册制施行的基础逐步夯实，通过打通上市“入口”、畅通退市“出口”，资本市场资源配置的效率不断得到了提升，从而促进储蓄不断转化为资本，使广大投资者享受发展的红利。其次，消费升级、科技创新、新能源等领域优质企业更受广大投资者的青睐，从而使劣质企业逐渐淘汰，并退出市场，使市场分化的趋势更加明显。最后，随着新三板改革制度落地，以及精选层类 IPO 的利好政策，新三板精选层企业将成为企业上市的新增长点。

三、对地方经济发展的支撑作用日益加强

近年来，长沙市金融业按照稳中求进、稳中有为的工作目标，落实国家稳健货币政策，加大金融支持实体经济力度，为全市经济持续健康发展、社会和谐稳定发挥了积极作用。

（一）金融业增加值占比稳步提升，对经济增长的贡献程度不断提升

2020 年，全市金融实力持续提升，主要指标增长较快，全年全市实现金融业增加值 920.32 亿元，比上年增长 8.60%，高于全市 GDP 增速 4.6 个百分点，金融业对全市经济增长的贡献率为 13.00%，占全市 GDP 的比重达 7.60%，比上年提升 0.4 个百分点。

（二）金融业税收收入大幅增长

2020 年长沙市金融税收入占比突破 10.00%。2020 年，全市金融业实现税收 219.80 亿元，比上年增长 29.40%；占全市税收收入的比重达 10.90%，比上年提升 2.3 个百分点，为“六稳”“六保”形势下财政资金的筹集贡献了金融力量。分项看，资本市场服务、货币金融服务、其他金融业全年纳税分别比上年增加 30.30 亿元、12.10 亿元和 9.20 亿元。

（三）金融存贷集聚效用日益明显，存贷款规模稳健增长

2020 年末，全市金融机构各项存款余额 2.33 万亿元，比年初增加 2268 亿元，比上年增长 10.80%。受新冠肺炎疫情期间宽货币、宽信用政策影响，5 月末全市金融机构存款余额增速达到 17.00%，随着经济企稳回升，信贷派生存款下降，消费及生产投资需求上升，叠加监管部门压降结构性存款等因素，存款增速在下半年有所回落，趋于常态。全市金融机构各项贷款余额 24261.26 亿元，比上年增长 14.20%，年度新增贷款突破 3000 亿元，资金“洼地效应”显著，为保市场主体、稳经济基本盘提供了强有力支撑。

（四）直接融资额不断攀升

“十三五”期间长沙市累计新增直接融资5303亿元，其中2020年新增2143.71亿元，同比增长201%，其中，股权融资289.42亿元，比上年多增239.29亿元；债权融资1854.29亿元，比上年多增1191.74亿元，对实体经济造血、输血和活血的能力不断增强。债权市场融资发行节奏加快、力度加大，通过支持交通基础设施、民生服务等重大基础设施项目建设，有效对冲疫新冠肺炎疫情影响下经济下行的压力。

四、金融信贷业务结构进一步优化

长沙市重点领域融资支持力度加大，信贷结构持续优化。制造业贷款数据亮眼，年末制造业中长期贷款余额975亿元，比上年增长54.60%，新增贷款主要集中在先进设备制造业等领域。中小微企业贷款可获得性提升，年末余额达9741亿元，比上年增长20.10%。房地产贷款余额增速连续15个月放缓，年末增速降至9.20%，低于上年同期2.1个百分点。软件和信息服务业贷款比上年大幅增加，年末余额达124亿元，比上年增长38.80%，助力“软件业再出发”战略深入推进。

五、证券、保险及地方小型金融机构稳健发展

长沙市证券交易保持活跃，全市证券交易量占全省比重，逐年递增，至2020年末全市证券交易成交量累计达60248亿元，比上年增长56.90%，成交量占全省的57.40%。

保险业发展态势良好，保持稳步上升态势。2020年，全市原保费收入523.66亿元，比上年增长11.20%，规模连年上新台阶，在全省原保费收入占比超过三分之一。随着新冠肺炎疫情影响的逐渐缓解和消退，企业加速复工复产，保险公司线下展业持续恢复，有效发挥了防风险、保生产和促发展的社会治理功能。分项看，新冠肺炎疫情影响下国民保障需求及意识增强，健康险、责任险收入分别比上年增长94%和53%。

地方小型金融机构也是稳健发展。2020年，全市共筹建、新设及增资融资担保公司、小贷公司和典当行共10家。115家地方小型金融机构为各类市场主体提供担保及融资363亿元。分类看，融资担保公司在保余额比上年增长33.60%，政府出资控股融资担保公司为企业复工复产减费让利2679万元，小微企业综合担保费率下降近1个百分点。

第二节　长沙市金融业的发展潜力与优势

一、长株潭城市群优势

从地理位置来说，长沙市位于北京—广州、上海—重庆的几何中心，是珠三角、长三角与西部地区大通道的交会点，长沙市所在的长株潭城市群据中华腹地，长株潭三市不仅相距较近，而且呈“品”字形相互交叠，区位优势十分明显。另外，长沙市位临湘江，而湘江隶属于长江流域洞庭湖水系，这也为长沙市的经济发展提供了交通便利，是长沙市加入长江经济带战略规划的天然优势。

二、具备一定的综合经济实力

2020 年长沙市地区生产总值 12142.52 亿元，比上年增长 4.0%。其中第一产业增加值 423.46 亿元，增长 4.0%；第二产业增加值 4739.27 亿元，增长 5.0%；第三产业增加值 6979.79 亿元，增长 3.3%。一般公共预算收入 1642.96 亿元，比上年增长 3.2%，其中，地方一般公共预算收入 1100.09 亿元，增长 3.0%。一般公共预算支出 1480.24 亿元，增长 3.8%。经济的稳定发展为长沙金融业的发展提供了良好的经济基础，也为加快长沙金融体系改革提出了经济发展的内在需要。长沙综合竞争力不断提升，现已是中部最具活力的城市之一。不断增长的经济实力为长沙金融业的发展提供了强大的内源性经济支撑和广阔的发展空间。

三、发展环境良好

2016 年，长沙市政府出台的《长沙市国民经济和社会发展第十三个五年规划纲要》提出：长沙市按照“一主（芙蓉路金融街）、一副（沿江金融聚集带）、一区（金融后台园区）、一园（科技与金融结合的创新园区）”的总体布局，科学制定金融产业发展的空间布局规划，重点建设湘江新区滨江金融中心。目前已形成湖南金融中心、长沙市金融生态区以及南湖金融功能区，从位置来看，三大金融中心均围绕长沙中心而建，目前仅湖南金融中心位于河西，作为后起之秀，在交通和配套上更占优势；南湖金融功能区靠近长株潭核心，可吸纳湘潭、株洲等地级市的金融资源，为长沙金融业的发展提供了广阔的空间。

近年来长沙市投资环境良好，吸纳外资金融机构和外资的条件不断优化，有条件形成金融机构和资本的集聚效应，并发挥配置金融资本的枢纽功能。2020 年 11 月，长沙市正式获批成为数字人民币试点城市，长沙市人民政府、中国人民银行长沙中心支行组织建行、中行、工行、邮储、交行、农行等 6 家试点银行机构和中移金科在涉及数字支付的各个领域展开数字人民币试点。数字人民币的推出与试点，对长沙市金融业的发展将带来积极影响，有利于金融业监管效率的提高和金融的普及率提升，从而推动长沙市金融业高质量发展。

四、发展空间充足

长沙对比武汉、郑州、合肥等新一线城市来看，经济总量偏小，长沙市虽本地银行较多，但经济实力并不强；本地保险业落后，仅有一家吉祥人寿保险公司，且横比来看，资产总规模偏小。从经济总量来看，长沙市金融业整体规模偏小，但本地商业银行较多，未来发展空间充足；从产业结构来看，银行业发展势头较好，但保险、证券，金融总部等相对落后，近两年长沙市出让多宗金融总部基地的地块，给未来金融业留下较大的发展空间。三家政策性银行、六大国有商业银行在长沙市都拥有分支机构，大部分股份制银行也都有入驻。长沙市已形成国有银行为主体、多层次金融机构并存的竞争性金融组织体系，货币市场、证券市场、保险市场相互促进的金融市场体系，以及银行、证券、保险协调配合的金融监管体系，金融中心的基础条件较好，为区域经济快速健康发展造就了良好的金融环境。2020 年长沙金融业发展取得显著成效，使长沙站在了加快高质量发展的崭新起点。

截至 2020 年底，长沙市各类金融机构约 380 家，全市存款余额不断攀升，全市金融机构各项存款余额 24261.26 亿元。企业上市稳中有进，全市 A 股上市公司达 70 家，占全省上市公司的 60.00%，位居中部省会第一、全国省会城市第五。保险市场也发展迅速，2020 年，全市原保费收入达 523.66 亿元，比上年增长了 11.20%，人们的保险意识不断加强，保险深度和保险密度的显著提高，为长沙市金融业的良好发展提供了保障。

五、政策上享有一定支持

首先，地方政府行政效能较高，政策优惠。长沙市高度重视金融发展对全市经济的核心作用，成立了专门的部门指导、协调金融业的发展，并出台了一系列的文件，如湖南湘江新区管理委员会2020年3月30日印发《关于支持湖南金融中心发展的若干措施（试行）》、《长沙高新区促进科技金融业发展的实施细则》《长沙市金融企业高层次人才分类认定目录（试行）》《湖南湘江新区管委会关于支持金融科技发展的实施意见（试行）》等。《湖南湘江新区管委会关于支持金融科技发展的实施意见（试行）》的正式发布标志着长沙成为继北京、深圳两地之后全国第三个出台支持金融科技专项政策措施的城市。2020年12月12日，《中共湖南省委关于制定湖南省国民经济和社会发展第十四个五年规划和二〇三五年远景目标的建议》（下文简称《建议》）提出：发展科技金融，完善金融支撑创新体系。增强金融普惠性，多渠道提高直接融资比重，支持地方法人金融机构做强做优，创新政银保合作机制，增强金融服务实体经济能力，提升金融监管水平，坚决防控金融风险。实施湖南知名品牌培育宣介行动和放心消费工程，完善促进消费政策，规范发展消费金融，释放消费潜力。此外，《建议》还提到创新农村金融服务体系，发展农业保险。指出要发展多层次、多支柱养老保险体系，完善工伤保险制度。推动基本医疗保险、失业保险、工伤保险省级统筹，健全重大疾病医疗保险和救助制度，落实异地就医结算，稳步推进长期护理保险制度，积极发展商业医疗保险，加强医疗保险基金监管。

其次，在金融科技领域单位和个人注册落户、载体建设、企业融资、人才引进、研发创新等方面给予支持和奖励。其中，在湖南金融中心投资建设金融科技专业孵化器、加速器、创客空间等专业载体，每个载体最高可获300万元的一次性装修补贴；对于金融科技企业租赁湖南金融中心办公用房的，第一年给予全额租金补贴，第二年给予50%租金补贴，第三年给予20%租金补贴；设立金融科技推进奖，用于奖励在金融科技领域招商引资、改革试点等做出突出贡献的单位和个人。同时，还将大力鼓励研究创新、应用场景创新和人才引进，对实习生、高端人才、上市公司高管均有扶持政策。在政策法规允许前提下，为入驻湖南金融中心的机构高管购买自用住房安排子女就近入学以及申报国家损失，核心区人才奖励，提供优质服务。

最后，长沙市高等院校财经类的办学特色明显，中南大学商学院、湖南大学财经学院、湖南财政经济学院等院校专门培养金融专业人才，人才储备充足；金融基础设施完备，微观信用基础良好，有利于个人创业和产业发展。在政策的大力推动下，长沙市的区域价值将得到大幅提升，众多招商引资的优惠政策的推行有望使长沙市成为新的资本洼地。

第三节　经典案例

一、长沙市农商银行——鱼水情谊浓，服务暖人心

（一）紧跟政策促经济发展

2020 年，长沙农商银行将“建设有温度的百姓银行”落实到新冠肺炎疫情防控和复工复产大局之中，取得突出成效。11 月 30 日获得湖南省委、省政府颁发的“湖南省抗疫先进集体”，是全省唯一获得该荣誉的银行机构。该行具体做法包括：一是争取政策性资金直达企业。第一时间出台金融服务 12 条、复工复产 34 条，成功获得省内首批新冠肺炎疫情防控专项再贷款资金 9 亿元，成功申请全省首批新冠肺炎防疫再贴现专用额度 2286 万元，成功发行全省首批新冠肺炎疫情防控专项同业存单 1 亿元，先后获得两批次合计 10 亿元支持再贷款额度，所有资金均已 100% 投放支持本地企业复工复产。二是出实招让利实体经济。通过下调贷款利率、加大普惠型小微企业贷款投放力度、为小微企业办理无还本续贷、取消和降低企业收费项目、减免租金等方式，全年向实体经济让利 1.20 亿元以上。三是设计专项产品高效服务。火速推出防疫快贷、复工闪贷、烟火闪贷、战疫守护专款四大特色产品市场影响较大，社会反响强烈。其中，2 月 2 日重磅推出防疫快贷，全力响应新冠肺炎疫情防控相关企业的信贷需求，累计为湖南省商务厅商务展览中心、远大洁净、可孚医疗等企业发放防疫快贷 14.63 亿元，用时最短仅 4 小时、最长 24 小时，有效保障了新冠肺炎疫情防控相关物资生产流通。新冠肺炎疫情期间，在得知远大洁净空气科技有限公司全体干部员工取消春节假期，奋战在生产一线，且已多次向武汉、长沙等地医院捐赠静电空气净化机、移动肺保等防疫设备这一情况后，长沙农商银行立即为该企业制定“专项金融服务方案”，安排专人对接企业，收集资料，迅速组织审批人员会商，加班加点实行信贷快速审批流程和优惠利率，及时安排资金发放，第一时间满足企业的生产资金需求，为防疫抗疫重点企业保驾护航。

开展政银合作大走访，与芙蓉区政府合作推出“复工闪贷”，累计对受新冠肺炎

疫情影响的 48 家“白名单”企业提供无抵押贷款 4650 万元。围绕地摊经济，推出无抵押、无担保的“烟火闪贷”产品，已为 234 户室外经营者、小微商户送去“金融及时雨”。重新设计特色小额消费贷款产品，推出随薪贷“战疫守护专款”，给予防疫期间长沙医护工作者、政府机关和基层社区村委工作人员随薪贷专享利率优惠。

（二）创新技术促居民幸福

长沙农商银行秉持特色化、轻型化、智能化三大发展方向，采用大数据智能决策模型，针对本地居民自主研发了全省农信系统首款互联网消费贷款产品“Q 闪贷”。该产品以线上化流程，实现从注册申请到放款 3 分钟、1 秒钟审批、0 人工干预的“310”信贷工厂模式，充分解决了普惠金融服务中因信息不对称导致的“不敢贷”问题。在 12 月揭晓的“2020 年金融数字化发展金榜奖”中，长沙农商银行凭借“Q 闪贷”系列产品荣获“2020 年度最佳普惠金融实践奖”，成为全国唯一获此殊荣的市级农商银行。

“金融数字化发展联盟”是由 202 家银行业金融机构和产业相关方参与的金融科技联盟，“2020 年金融数字化发展金榜奖”入榜单位是联盟对金融行业开展深入调研后综合评选的首批在金融业加快数字化发展中取得突出成绩的金融机构。获得“年度最佳普惠金融实践奖”也证明长沙农商银行在发展普惠金融、服务实体经济、运用数字技术提升普惠金融优质服务等方面所做的工作获得业内高度认可。

除此以外，长沙农商银行的网点形态也随着金融消费者的实际需求不断蜕变。位于蔡锷中路与人民中路交会处的城中支行，定位服务于中心城区居民与重点国有企业，打造了 3000 平方米、以白沙井为文化内涵的“城市会客厅”，不仅有传统的金融服务，还配备了融入当地社区基层治理的智慧城市屏、智能文化墙、党建教育标准化阵地等功能，被中共湖南省直属机关工作委员会评为全省党建工作教育阵地，多次接待党政机关的党建学习与党务考察，并被中国银行业协会授予湖南农信系统首家全国“千家”标杆网点。位于天心区迎新路的迎新路支行，因周边学校众多，以卡通视觉形象打造“儿童银行”，并专门打造“点点儿童银行”品牌，发行儿童银行卡，被共青团长沙市委授予“长沙市儿童财商教育基地”，每年接待各单位开展财商教育活动近百场。针对周边城郊及农村市场银行网点较少、金融服务覆盖不足的现状，长沙农商银行推广“Q 惠邻”金融便利店建设，以全新的形象打造新型网点子品牌，目前已投入使用 50

余个，计划 2 年内实现村（社区）全覆盖。

（三）扎根本地促金融普惠

2020 年，长沙农商银行充分发挥地方金融主力军、乡村振兴排头兵作用，以“党建共创金融普惠”为旗帜，在全辖广泛开展居民走访与评级授信工作，全年新增贷款客户主体 1.50 万户，为全市的金融普惠工作发挥了重要作用。其中以“5050”项目的深入开展最为经典。“5050”项目是指,全年在全行辖内 50 个以上的目标行政村（社区）、50 个以上的商圈（市场）进行集中走访营销与金融宣传，具体亮点包括：一是有效形成银政、银村、银圈、银企共建机制，与各类主体签订共建协议 109 份，落实各类主体金融联络员 1230 名，覆盖人口 17.76 万人、5.60 万户，覆盖商户（含小微企业）1.66 万户。累计登门走访 13.55 万户，采集信息 6.68 万户，授信 2.56 万户，贷款 1.50 万户，为长沙辖内的市场主体与城乡居民提供了扎实的普惠金融服务，切实提升了银行业金融机构与地方经济之间的血肉关系。二是大大加强了服务实体经济、服务乡村振兴的水平，一方面借助全市各类农村经济合作组织设立的东风，长沙农商银行为辖内村级经济组织开立结算账户 200 余个，分红代发覆盖 10 余万名城乡居民，并在全省首推村级经济合作组织的授信、贷款业务，全年累计针对农村经济合作社授信约 10 亿元，引得热烈的社会的反响，有效激发了经济合作组织的市场活力；另一方面针对从未获得过银行贷款的市场主体推出“星火计划”，通过专项信贷支持政策及营销方案，引导支持一批优质成长型小微企业、小微企业主、个体工商户成为首贷户，长远规划将其培育成为核心客群，全年“星火计划”拓展客户 919 户，贷款金额 20319 万元，户均 22 万元，将普惠金融落到实处。三是不断优化自身的业务结构，通过“5050”项目零售贷款户均余额从年初 55.60 万元下降至年末 46 万元，降幅达 17.00%，风险进一步分散；从客户年龄结构上看，40 岁以下的年轻客户净增 8794 户，占比从年初的 54.13% 升至 56.93%，50 岁以上的中老年客户从 16.14% 下降至 14.51%，刺激了市场年轻主体的金融需求。

长沙农商银行一直是孕育本地企业的摇篮，万家丽、红星大市场、顺天企业集团等一大批本地民营企业，都是该行从小扶持、共同成长。通过金融普惠战略，进一步巩固和发展了该行与本地企业、地方经济的血肉联系，以实际行动践行了“有温度的百姓银行”的发展愿景。

二、财信证券案例分析——“碳路”金融

财信证券股份有限公司（以下简称“财信证券”）成立于 2002 年 8 月，现有注册资本 66.98 亿元，是湖南财信金融控股集团有限公司旗下核心企业，也是湖南省唯一一家省属国有控股证券公司，其基本情况如下表 2-3-1 所示：

表 2-3-1　2019—2020 年财信证券股份有限公司概况表[①]

年份	总资产规模（亿元）	净资产规模（亿元）	分公司数量（家）	营业部数量（家）
2019	264.45	75.61	5	86
2020	516.63	105.93	5	89

由上表 2-3-1 可知，从公司总资产规模看，2020 年与上一年度相比，财信证券的总资产增加了 252.18 亿元，同比增长 95.36%，几乎翻一番。净资产规模则从 75.61 亿元增加至 105.93 亿元，与上一年度相比净资产规模增加了 30.32 亿元，同比增幅达 40.10%。这是公司净资产规模首次突破百亿元大关，一跃进入全国 51 家净资产超百亿证券公司之列。而截至 2020 年年末，证券行业总资产 8.78 万亿元，净资产 2.23 万亿元，分别较上年末增长 22.32%、14.02%，可见与行业的平均增速相比，规模上财信证券在 2020 年度在同业中表现突出。另外，分公司数量在全国范围内仍保持有 5 家，营业部数量则从 2019 年的 86 家增至 2020 年的 89 家。在新冠肺炎疫情的影响下财信证券 2020 年度的表现是尤其值得肯定的。

表 2-3-2　2018—2020 年财信证券经营业绩表[②]

项目（亿元）	2019 年	同比增幅 %	2020 年	同比增幅 %
营业收入	15.62	171.84	21.06	34.80
营业成本	10.22	17.82	13.95	36.53

① 数据来源：财信证券官网

② 数据来源：由财信证券各年财务报表整理得出

项目（亿元）	2019 年	同比增幅 %	2020 年	同比增幅 %
经营活动现金流量净额	20.73	32.13	-105.81	-610.32
投资活动现金流量净额	-0.53	-108.77	-0.71	——
筹资活动现金流量净额	19.11	——	128.89	574.53

从上表 2-3-2 中的营业收入来看，财信证券 2020 年较上年度增加了 34.80%，主要是由于该年度经纪业务收入及自营投资业务收入增加，而 2019 年较之上年度增加的 9.87 亿元则是因为证券行情向好，经纪业务、投行业务及期货业务收入增长带来的。由此可知，新冠肺炎疫情的暴发对证券业的影响进而对公司 2020 年度的营业收入有所影响。从营业成本看，2018 年到 2020 年，该指标逐年递增，其中 2020 年比 2019 年增加了 36.53%，原因在于公司收入增加同时费用同步增加，且公司 2020 年计提信用减值损失金额增大，从收入成本增加的比例看，成本的增加尚属正常。从经营活动现金流量净额指标分析，2020 年度为现金净流出 105.81 亿元，较之前两年的现金净流入而言显得格外引人注目，究其原因还在于公司业务规模扩大，自营投资规模增加，也属正常。2020 年的公司净投资 0.71 亿元，主要是固定资产投资带来的效果，在新冠肺炎疫情情况下实属积极的发展策略。从筹资活动看，公司 2020 年因筹资活动带来现金净流量为 128.89 亿元，较上一年度增加了 574.53%，主要是公司业务规模增加，对外融资需求增加所致。由以上经营业绩数据可看出，财信证券在 2020 年度的发展情况，在全国经济受新冠肺炎疫情影响的大环境下算是保持了较为稳定的发展的。

表 2-3-3　2018—2020 年财信证券风险指标表[①]

指标	2018 年	2019 年	2020 年
金融资产 / 总资产	30.24%	28.61%	52.49%
资产负债率	58.96%	57.33%	73.60%

上表 2-3-3 中的数据分别从金融资产风险和偿债风险两个方面列示了财信证券

① 数据来源：由财信证券各年财务报表整理得出

近三年的风险形态。2018 年到 2020 年，公司金融资产合计分别为 61.42 亿元、75.67 亿元和 271.16 亿元，占总资产的比重依次为 30.24%、28.61% 和 52.49%。如果证券市场发生剧烈波动，那么金融资产的公允价值也将发生较大波动，将对公司的盈利能力、资产规模和结构将产生重大影响。从以上看，财信证券 2020 年与前两年相比，金融资产价值波动风险大幅增加，面对全球新冠肺炎疫情暂不太可能短时间内消失这一现实情况，公司在来年应当适当调整资产结构，以缩小风险发生时带来的负面效应。此外，由表 2-3-3 中数据看，2018 年到 2020 年，公司资产负债率（扣除代理买卖证券款和代理承销证券款后）分别为 58.96%、57.33% 和 73.60%，同金融资产风险一样，2020 年度较之前两年公司的偿债能力有所下降。如果公司不能维持较为合理的盈利水平和现金流量水平，可能面临一定的偿债风险。

综合财信证券 2020 年度资产规模的变化情况，以及其近三年的经营业绩数据和风险指标分析，可以看出财信证券在该年度中采取了积极的发展策略并且达到了较为理想的效果，在同行业中虽属于中小券商，但也在资产规模等方面做出了超行业平均水平的发展。

在新冠肺炎疫情期间，财信证券也自我寻求发展新路径，从资产结构上力求对公司的盈利及发展规划上作出积极应对。在 2021 年 6 月 18 日，财信证券联合华融湘江银行一起主办了“碳路金融 · 财聚湘江”年度碳中和高峰论坛。全国 80 家金融机构，来自政界、学界、金融业等 200 多位领导、嘉宾就金融助力“碳达峰、碳中和”目标展开探讨。数据显示，截至 2020 年末，中国绿色信贷余额逾 15 万亿元，居世界第一位；绿色债券也成为全球绿色债券市场的第二大发行来源。由此可知，未来财信证券的业务方向会集中在绿色金融业务上，突出特色。

三、财信吉祥人寿案例分析——“专优”寿险

财信吉祥人寿保险股份有限公司（以下简称“财信吉祥人寿”）成立于 2012 年 9 月，当前注册资本 34.63 亿元，是湖南省首家保险法人机构和股份制国有控股企业。2020 年 10 月，公司由原“吉祥人寿保险股份有限公司”更名为“财信吉祥人寿保险股份有限公司”。公司的保险产品多达 46 种，公司业务范围覆盖湖南、河南、湖北、安徽、河北五省，全国开业机构达到 110 家，累计服务客户超过 2400 万人，建立了以“便捷”为特色，全流程电子化、官网、微信为核心的“E 服务”体系。公司打造具有鲜明特

色、持续成长性的价值型寿险业态，力求逐步成长为一家区域领先、特色鲜明的“专而优”的寿险公司。

表 2-3-4　2019—2020 年财信吉祥人寿原保费收入行业对比表[①]

原保费收入（亿元）	2019 年	2020 年	同比变化 %
财信吉祥人寿	17.34	18.62	7.36%
行业总值	29629.56	31674.00	6.9%

按银保监会的统计数据，2020 年人身险公司原保费收入 31674 亿元，同比增长 6.90%。据相关公司整理数据显示，在 2020 年全国 86 家寿险公司 2020 年度保费收入、净利润排行榜中，以原保费收入为第一参考指标排序，财信吉祥人寿原保费收入为 18.62 亿元，同比下降 7.36%，排名第 71 名，由此可知公司的综合实力较同行业而言相对靠后。

表 2-3-5　2019—2020 年财信吉祥人寿规模行业对比表[②]

总资产（亿元）	2019 年	2020 年	同比变化 %
财信吉祥人寿	148.59	203.00	36.62%
行业总值	205648.72	233000.00	13.30%

由上表 2-3-5 可知，截至 2020 年，公司总资产规模达 203.00 亿元，较上年度增幅高达 36.62%，而中国银行保险监督管理委员会指出 2020 年保险公司总资产 23.30 万亿元，同比增长 13.30%，与此形成对比可以看出财信吉祥人寿在 2020 年资产增幅是同行业平均水平的 2.75 倍，这在新冠肺炎疫情来袭的特殊年份里算是很突出和积极的表现了。

① 数据来源：根据财信吉祥人寿官网数据统计得出
② 数据来源：根据财信吉祥人寿官网数据统计得出

表 2-3-6 2019—2020 年财信吉祥人寿营业状况表[①]

项目（亿元）	2019 年	2020 年	同比变化 %
营业收入	28.09	32.79	16.73%
保险业务收入	20.10	18.62	-7.36%
净利润	0.23	2.55	1015.28%

从业务收入来看，财信吉祥人寿 2020 年累计实现保险业务收入 18.62 亿元，同比下降 7.36%，实际上这是公司从 2018 年首次开始出现营业收入下滑的第三个营业收入下降年份。2018 年同比下降 47.83%，2019 年同比下降 28.05%。2020 年新冠肺炎疫情对主营业务发展产的冲击在此数据中得以窥见，从外部国内外经济增速下降，行业总体增速放缓是不可忽略的宏观因素。从公司内部来看，新冠肺炎疫情期间各类销售活动受限，业务窗口也受到不同程度的影响，进而导致保险业务同比有所下降。同时，在净利润方面公司也表现出了大幅度的正增长。自公司 2012 年成立至 2018 年均为亏损状态，2019 年实现展业以来首次盈利，当年累计净利润 2286 万元。而到 2020 年，延续了上年的盈利状态，实现净利润 2.55 亿元，在新冠肺炎疫情期间能取得如此高的净利润增幅，据公司公布的财务报表看，这一方面与公司投资收益的增长密切相关，另一方面也受益于公司的成本控制。

表 2-3-7 2019—2020 年财信吉祥人寿营业状况[②]

项目	核心偿付能力	综合偿付能力
财信吉祥人寿	141.59%	213.00%
行业总值	226.90%	236.50%
与行业对比	低于行业水平	低于行业水平

从保险业偿付能力情况看，2021 年 2 月 9 日银保监会公布了截至 2020 年末保险

① 数据来源：根据财信吉祥人寿官网数据统计得出

② 数据来源：根据财信吉祥人寿官网数据统计得出

业偿付能力状况，人身险公司平均核心偿付能力充足率的行业平均水平为226.90%；综合偿付能力充足率行业的平均水平为236.50%。财信吉祥人寿2020年财报数据显示，截至该年底的公司的核心及综合偿付能力充足率指标分别为141.59%和213.00%，虽然该两项指标均在行业平均值以下，但是该公司目前偿付能力还是远高于监管“红线”。此外，与2019年相比，公司2020年综合偿付能力充足率有所上升，核心偿付能力则充足率有所下降。造成核心偿付能力充足率的下降的主要原因是核心资本的上升幅度低于最低资本，实际资本增加主要来自资本补充债的发行以及综合收益。最低资本则同时受公司资产规模、业务结构以及投资结构变动的综合影响。

从近几年的财务报表数据可以看出偿付能力低是财信吉祥人寿长期以来备受困扰的难题，2017年第4季度，该公司核心偿付能力充足率及综合偿付能力充足率一度下降至80.39%、71.91%，贴近监管要求的最低红线50%及100%。直到2018年12月，财信吉祥人寿获批将注册资本金由23亿元增至34.63亿元，当年第4季度末核心及综合偿付能力充足率分别得以增至175.58%、184.75%。

财信吉祥人寿自2012年成立至今已有8年，从资产规模、利润指标两个方面看公司都具备一定的资金实力和发展潜力，但从营业收入和行业偿付能力看，公司亟待从业务层面提升核心竞争力，进而在激烈的竞争中站稳脚跟。

四、三湘银行——“普惠”民银

湖南三湘银行股份有限公司（以下简称“三湘银行”）是中部地区首家、全国第八家开业的民营银行，由三一集团联合汉森制药等9家湖南省内知名民营企业共同发起设立，于2016年12月26日正式开业，注册资本金30亿元，注册地湖南省长沙市，以“力创民族精品、打造百年三湘”为愿景。

截至2019年，总资产515.80亿元，增幅高达63.55%，在全国19家民营银行中总资产规模排名第三。各项贷款余额221.94亿元，增幅为67.97%，一般性存款余额369.37亿元，服务客户268.99万户，缴纳个人税收2.34亿元，全年实现营业净收入12.58亿元、实现税后利润3.19亿元，经营质量居于民营银行前列。2019年三湘银行开业三年以来，围绕服务产业，发展普惠，累计投放产业贷款878.04亿元，余额100.16亿元；累计向156.14万户小微企业主、个体工商户和普罗大众发送普惠贷款555.79亿元，余额121.78亿元。

下表2-3-8是三湘银行2016年到2019年度经营业绩简表，从营业收入、经营利润、利润总额及净利润四个指标分析该行的盈利状况。

表 2-3-8　2016—2019 年三湘银行经营业绩表　（单位：万元）[①]

项目	2016 年	同比增幅 %	2017 年	同比增幅 %	2018 年	同比增幅 %	2019 年
营业收入	481.42	3841.94	18977.27	258.85	68100.39	84.79	125841.74
经营利润	−4932.86	209.43	9969.80	324.36	42307.98	86.90	79074.09
利润总额	−4931.86	208.45	5348.73	265.90	19571.08	100.48	39236.05
净利润	−3707.18	206.68	3954.86	287.52	15326.03	107.94	31869.31

从营业业绩看，三湘银行自 2016 年底成立以来，营业收入从成立之初的 481.42 万元增长到 2019 年的 125841.74 万元，增加了 125360.32 万元。同时，各项利润指标也大幅增长，从净利润的增幅可以看出，成立之初的两年，净利润的同比增加都在百分之两百以上。发展至第三年，净利润仍然保持了翻一番的增长势头。在全国 19 家民营银行里，三湘银行净利润增长率仅次于微众银行、网商银行和苏宁银行排名第四。从 2017 年到 2019 年这三年的同比增幅可以看出，三湘银行的盈利潜能极大。三湘银行正在用利润数据彰显它快速扩张的态势。

表 2-3-9　2018—2019 年三湘银行成本指标表[②]

项目	2018 年同比增幅 %	2019 年同比增幅 %
成本收入比	−9.81	−0.37
信贷成本	−2.94	−1.02

① 数据来源：由三湘银行各年财务报表整理得出

② 数据来源：由三湘银行各年财务报表整理得出

从表 2-3-9 来看，三湘银行 2018 年的成本收入比同比下降了 9.81%，从降幅可以看出 2018 年三湘银行在成本控制上卓有成效。虽然到 2019 年成本同比下降幅度不如之前，但是成本在降低这一实情是毋庸置疑的。三湘银行利润的百分之八十以上来自贷款利息收入，因此对信贷成本的管理就显得尤为重要。从信贷成本这一指标看，2018 年和 2019 年均有下降，降幅分别为 2.94% 和 1.02%，这和成本收入比的变化是相匹配的，下表 2-3-10 是三湘银行 2016 年到 2019 年度存贷款情况简表。

表 2-3-10 2017—2019 年三湘银行存贷款情况表 （单位：万元）[①]

项目	2017 年	同比增幅 %	2018 年	同比增幅 %	2019 年
存款总额	429689.82	523.56	2679369.19	61.83	4324030.28
其中：公司存款	316414.75	324.46	1343043.90	55.56	2090352.22
个人存款	3275.07	4640.92	155268.50	932.63	1603349.06
同业存款	110000.00	973.69	1181056.80	-46.63	630329.01
贷款总额	303021.86	336.04	1321295.06	67.97	2219400.78
其中：公司贷款	298004.86	152.80	753347.77	32.96	1001634.76
个人贷款	5017.00	11220.46	567947.29	114.42	1217766.02

从表 2-3-10 的存款总额看,2017 年到 2019 年三年的规模分别是 429689.82 万元、2679369.19 万元和 4324030.28 万元；同比增幅由 2018 年的 523.56% 惊人增长率回归到 2019 的 61.83%。从存款结构上看，2019 年公司存款、个人存款和同业存款分别占存款总额的 48.34%、37.08% 和 14.58%；2018 年这三个指标的比重分别为 50.13%、5.79% 和 44.08%；2017 年这三个指标比重分别为 73.64%、0.76% 和 25.6%。总体而言，公司存款对存款总额的贡献最大。就个人存款看，2017 年银行个人存款仅占存款总额的百分之一不到，这与银行成立之初知名度较低，业务定位侧重点等因素有

① 数据来源：由三湘银行各年财务报表整理得出

关。随着时间推移，2018 和 2019 年个人存款业务增幅同比增长分别高达 4640.92% 和 932.63%，在同年的存款结构中也各自占据了存款总额的 5.79% 和 37.08%。由此可知，三湘银行的存款结构日趋优化，这和银行实力的增强，品牌的认知认可程度直接挂钩。

从贷款规模看，2017 年到 2019 年三年贷款总额分别是 298004.86 万元、248286.99 万元和 2219400.78 万元；同比增幅由 2018 年的 152.80% 极高增长率到 2019 年依然出众的 32.96%。从存款结构上看，2019 年公司贷款、个人贷款分别占贷款总额的 45.13% 和 54.87%；而 2018 年这两个比重分别为 57.02% 和 42.98%；2017 年这两个比重分别为 98.34% 和 1.66%。从贷款结构的变化可知，成立初年公司贷款业务突破口是企业，随着业务能力的增强，社会认知度的提升，贷款业务渐渐向趋向合理，到 2018 年个人贷款业务同比增幅高达 11220.46%，规模开始与对公贷款齐头并进，到 2019 年个人贷款占比开始超过公司贷款，三湘银行的贷款业务范围越来越大，这也是银行该年度净利润增加的一个重要原因。

综合来看，三湘银行存贷业务、成本控制和利润数据，的确可以支持三湘银行在全国民营银行中综合实力名列前茅的事实。三湘银行高额净利润及高速的利润增长背后体现的是三湘银行小而精的经营管理模式，也体现了三湘银行“产业金融”这一特色服务定位，从业务上围绕核心企业，以产业供应链思维整合上下游客群。此外，三湘银行利用区块链大数据、人工智能、云计算等新技术，在实践中摸索服务小微和三农的创新，路径积极开发服务于小微和三农的金融产品和业务模式走出一条差异化的发展道路，最终成为湖南小微企业三农客户的首选银行。

第三章
长沙市金融业存在的问题及不足

长沙市金融业尽管近几年发展迅速，但是与邻近省会城市杭州市、成都市、郑州市和武汉市的金融业相比较，还存在一定差距。与以上四个城市的对标分析显示，长沙市目前主要存在金融业整体规模偏小、金融中心综合竞争力有待高、金融业内部发展不平衡、金融科技发展面临困境等问题。

第一节　邻近省会城市金融发展状况

一、打造钱塘江金融港湾——领先的杭州市

改革开放以来，杭州市发展日新月异，经济社会功能日益健全，已经成为一个现代化的大都市和长三角地区重要的区域金融中心。2020 年，杭州实现新冠肺炎疫情防控和经济社会发展两战全赢，全市生产总值 16106 亿元，增长 3.9%，增幅高于全国 1.6 个百分点、全省 0.3 个百分点。常住人口人均生产总值约 2 万美元，按世界银行最新标准，达到高收入国家水平。2020 年，杭州经济总量位居全国省会城市第三、副省级城市第四、全国大中城市第八。

（一）经济发展需求强烈

2020 年，面对复杂严峻的外部环境和新冠肺炎疫情严重冲击，杭州市以强有力的举措抓“六稳”、促“六保”、拓“六新”，全市经济运行呈现持续恢复、稳定回升发展态势，实现了逆势进、两战赢，高质量发展势头持续巩固，高水平小康建设再添成色，充分展现“重要窗口”头雁担当。根据地区生产总值统一核算结果，2020 年杭州市生产总值（GDP）16106 亿元，按可比价计算，比上年增长 3.9%，增速高于全国 1.6 个百分点、高于全省 0.3 个百分点。在经济转型升级过程中，新兴产业尤其是服务型经济、高新技术产业的发展，亟须强有力的资本转化机制和新型金融服务支撑，对金融业的创新发展提出了迫切要求。

（二）社会资本高度集聚

长三角地区是中国城乡居民可支配收入和富裕程度最高的地区之一，也是高净值人群最集中的地区。在 2019 年中国民营企业 500 强中，有 91 家企业来自浙江，民营经济在浙江蓬勃发展。其实，这也是浙江拥有众多企业家登上新财富 500 富豪榜的关键原因。但是，高净值人群的资产配置和投资理财方式仍较为传统，98% 的人以存款和不动产（房产）投资为主，存款在整个资产配置中占比 38%，不动产占比 35%。

而在美国高净值人群的资产配置中，股票占比33.1%，保险和养老金储备占32.6%，现金和存款仅占13.5%。随着长三角地区社会财富积累的日益增加，社会公众对财富管理和资产配置的需求正迅速爆发出来，财富管理产业发展的空间极其广阔。

（三）金融产业基础雄厚

一直以来，浙江省金融业增加值、社会融资规模、存贷款规模和质量效益等主要指标均位于全国前列。浙江省区域金融改革走在全国前列，灵活的体制机制有力激发了金融体系的活力，金融机构积极支持浙商走出浙江创新创业，大量民间资金进入私募投资、创业投资等新兴领域，对浙江乃至全国的创业企业形成资本辐射。从金融产业的区域分布来看，杭州市是长三角仅次于上海的金融中心城市，其中上城区一直是浙江省金融机构的集聚地。近年来，随着高新区（滨江）和钱江新城的发展，金融机构向钱塘江两岸集聚的趋势正日益呈现。中国（深圳）综合开发研究院2019年12月发布的第十一期“中国金融中心指数”显示，杭州金融综合竞争力全国排名第六。

2020年，杭州市金融支撑有效强化，金融业实现增加值2038亿元，增长10.6%。全市金融机构本外币存款余额54246亿元，增长19.8%，当年新增存款8959亿元，同比多增3505亿元。全市金融机构本外币贷款余额49799亿元，增长17.9%，当年新增贷款7554亿元，同比多增1468亿元。新增普惠小微贷款1755亿元、民营经济贷款3450亿元、制造业贷款415亿元，分别增长47.3%、24.1%和8.5%。新增境内外上市企业28家，累计218家，数量居全国第四。保险机构保费收入964亿元，增长14%。期货经营机构累计代理交易成交额49.28万亿元。全国银行间市场债务融资工具1783.90亿元。

（四）新兴业态蓬勃发展

近年来，在金融业改革创新浪潮的推动下，新兴金融业态蓬勃发展，成为浙江金融领域的特色和亮点。杭州以科技助推新型金融快速发展为核心，带动长三角地区的科技金融、普惠金融发展。杭州市金融科技领域与北京、旧金山、上海、伦敦、纽约、深圳等并列世界的第一梯队。蚂蚁金融服务集团在金融科技全球百强榜当中排名第一。杭州市拥有钱江财富管理核心区、玉皇山南基金小镇等一批金融业态平台，集聚各类金融服务机构3500家，资产管理规模超1万亿元，形成了金融业发展的良好生态环境。

2019 年 10 月 29 日，经中国人民银行同意，由中国互金协会和世界银行共同支持建设的全球数字金融中心在杭州正式成立。近年来，杭州市已成为国内金融科技起步最早、创新最活跃、发展最迅速的城市之一。“全球数字金融中心”这张新名片，也让杭州市的国际金融科技中心之路迈上了一个新台阶。随着杭州市数字经济先行优势的不断发挥，金融与科技在杭州正在持续深度融合。

2020 年，杭州市数字经济引领发展，数字经济核心产业实现增加值 4290 亿元，增长 13.3%，高于 GDP 增速 9.4 个百分点，占 GDP 的比重为 26.6%，较上年提高 1.9 个百分点；数字内容、软件与信息服务、电子信息产品制造产业增加值分别为 3113 亿元、3441 亿元和 1090 亿元，增长 12.7%、12.9% 和 14.7%。人工智能产业持续壮大，实现增加值 340 亿元，增长 8.2%。阿里云成为全球第三大云计算服务商，首个国家（杭州）新型互联网交换中心启用，联合国大数据全球平台中国区域中心落户杭州市。

2019 年 11 月 9 日，《2019 金融科技中心城市报告》公布全球金融科技中心城市 TOP20。报告显示，杭州市位列全球第六、全国第三。而在金融科技体验方面，杭州市连续三年获全球最佳。《2019 金融科技中心城市报告》还显示，杭州市金融科技应用率（使用者占比）达 93.5%，而全国金融科技应用率平均值为 78.3%。金融与科技融合发展是一个普遍的现象，依靠科技来发展金融已成为新时期推动金融发展的规律。杭州市的“银、证、保”持牌金融机构齐全，金融业态体系层次完善，初步形成以传统金融业为主导，新兴金融业蓬勃发展的大金融产业格局，是国内创业投资、股权投资最发达、最活跃的地区之一。

（五）人文生态优势明显

浙江独特的历史人文传统和钱塘江——富春江沿岸生态景观优势，为杭州市金融港湾建设提供了极为稀缺的发展环境。历史人文方面，浙江自宋代以来就形成了义利并举的“重商文化”，成为江南经济文化中心和“海上丝绸之路”起点。浙江人投资理财及风险意识很强，具有独特的“金融基因”。改革开放 30 多年来，浙商创造了浙江经济的奇迹，浙江人敏锐的经济金融思维也随着 800 万名浙商“走出去”而影响到全国乃至全球，并创造了更大的财富和资金流。生态环境方面，杭州拥有世界文化景观遗产西湖和世界文化遗产京杭大运河，钱塘江——富春江沿岸山清水秀、风景宜人，自东向西分布着海宁观潮城、南宋皇城御街遗址、吴山玉皇山景区、南宋官窑博物馆、八卦田遗址、六和塔、九溪云栖、湘湖、黄公望森林公园、富春山居图原景地、桐君山、严子陵钓台等一系列自然人文景观，拥有长三角和华东地区绝无仅有的休闲居住环境，具有吸引高端金融人才特别是私募机构高管落户创业的独特优势。

二、推进国家西部金融中心建设——赶超的成都市

（一）成都市整体经济发展

2020 年在多重矛盾叠加、多重困难交织的复杂形势下，成都市经济增长质量效益稳步提升，发展动力更加充沛，经济长期向好基本面没有改变，全年主要目标任务顺利完成，“十三五”规划圆满收官。

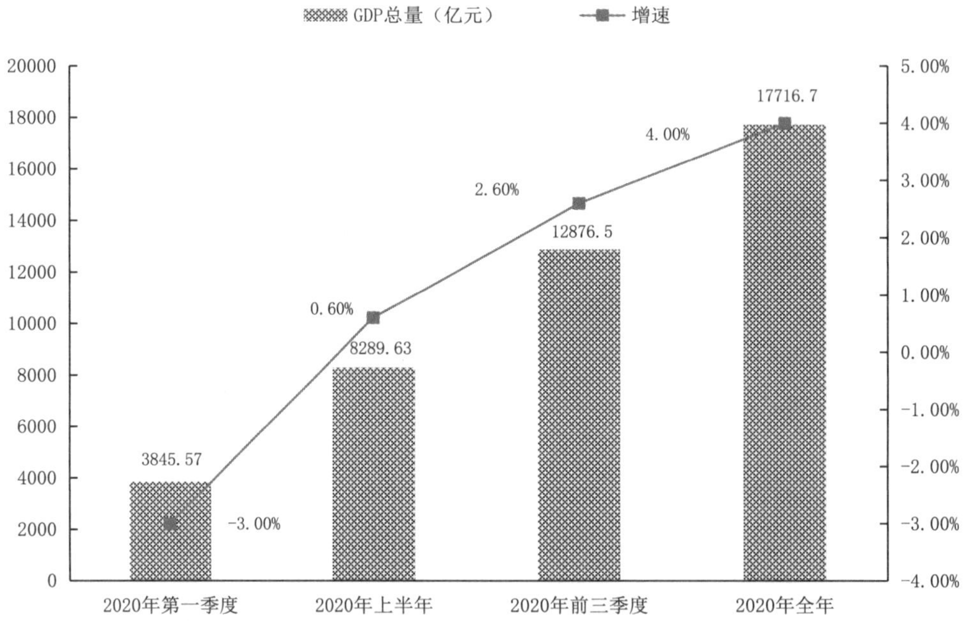

图 3-1-1　成都 GDP 总量及增速图[①]

根据市（州）地区生产总值统一核算结果，2020 年，成都市实现地区生产总值 17716.7 亿元，按可比价格计算，比上年增长 4.0%（下同）。分产业看，第一产业实现增加值 655.2 亿元，增长 3.3%；第二产业实现增加值 5418.5 亿元，增长 4.8%；第三产业实现增加值 11643.0 亿元，增长 3.6%。如图 3-1-2 所示，成都市三大产业结

① 数据来源：成都统计公众信息网

构比例为 3.7：30.6：65.7。

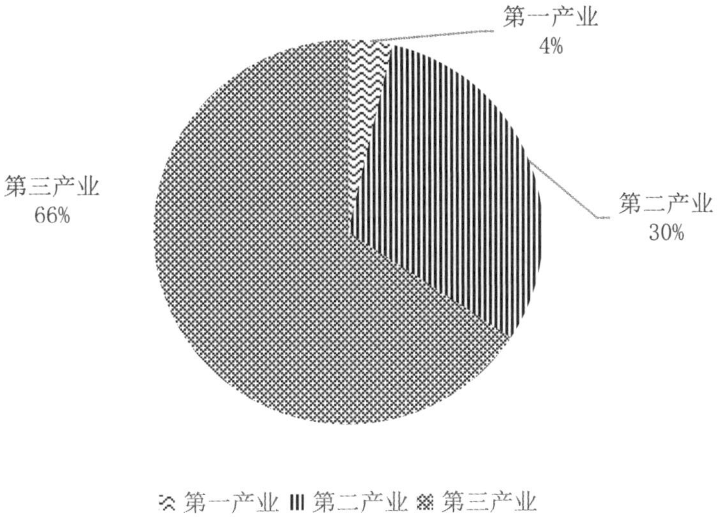

图 3-1-2　2020 年成都市三大产业结构情况图[①]

（二）三次产业协同恢复，现代产业体系加快构建

成都市以产业生态圈创新生态链推动经济工作组织方式变革，形成“5 + 5 + 1”产业体系——14 个产业生态圈——66 个产业功能区三级协同支撑体系，三次产业复苏进展加快，供给侧活力持续增强。

1. 工业发展企稳向好

成都市实施“工业稳链补链行动”，有效改善了产业链供应链循环，农业生产总体稳定。同时，深入实施“米袋子”“菜篮子”强基行动，积极优化农业产业结构，持续深入落实强农惠农政策，强力推动农业现代化发展。

2. 服务业发展逐步恢复

成都市召开全市先进生产性服务业发展大会，着力提升服务业发展质效、增强后劲动能。2020 年成都市服务业增加值同比增长 3.6%，对全市经济增长的贡献率达 52.2%。现代服务业增势较好，1 月至 11 月规模以上高技术服务业、科技服务业、战

① 数据来源：成都统计公众信息网

略性新兴服务业营业收入分别增长13.7%、16.0%、11.6%，与数字经济相关的互联网和相关服务、软件和信息技术服务业营业收入增长78.0%、37.3%。受新冠肺炎疫情影响较大的行业加速回暖，批发零售业、住宿餐饮业、交通运输仓储和邮政业增加值降幅较前三季度收窄4.3、6.3、1.9个百分点。西部金融中心建设不断加快，成都农商行顺利回归市、区国企控股，中欧国际交易所西部中心落户成都，实施“三大金融基础工程”，出台“蓉易贷”中小微企业金融服务体系，加快特色金融功能区建设，全球金融中心指数排名上升至43位，实现金融业增加值2114.8亿元，同比增长7.7%。年末金融机构本外币存、贷款余额分别为4.37万亿元、4.11万亿元，增长9.6%、12.8%。现代物流业快速发展，邮政业务总量同比增长17.4%，其中快递业务量增长13.7%。

（三）创新生态日趋完善，高质量发展势能积蓄

成都市积极抢抓“后新冠肺炎疫情时代”城市发展机遇，以优化营商环境、完善创新生态为关键举措，加快打造带动全国高质量发展的重要增长极和新的动力源。

1. 国际化营商环境持续优化

成都市出台实施国际化营商环境3.0版政策，积极打造“蓉易办”政务服务品牌，连续三年获评“中国国际化营商环境建设标杆城市”。减税降费成效显著，2020年1月至11月新增减税降费229.7亿元，惠及纳税与缴费人48.3万户次，减免行政事业性收费和政府性基金13.3亿元；全年阶段性减免企业社保费353.3亿元。要素供给持续增强，金融服务实体经济质效提升，企（事）业单位本外币贷款同比增长13.5%，直接融资2927.6亿元，增长27.4%。现有境内外上市（含过会）公司122家，其中A股上市公司97家，新增上市公司19家。土地市场交易保持活跃，全年招标拍卖挂牌成交的经营性用地322宗，面积2.1万亩。深入推进“放管服”改革，进一步拓宽企业开办便企项目，推广电子营业执照和电子印章应用，企业开办时间压减至0.5个工作日以内，新登记市场主体61.8万户，增长15.6%。

2. 创新生态加快成型

成都市通过召开全市科技创新大会、制定科技创新18条、实施人才新政2.0版

政策等一系列措施，高水平建成运营617.5万平方米科创空间，着力建设具有全国影响力的科技创新中心。成都市通过深入推进新经济“双百工程”和新经济企业梯度培育，已累计培育224家双百企业，1318家新经济梯度企业，举办10场“场景营城产品赋能”双千发布会，吸引社会资本超过600亿元。新经济企业注册数共计45.8万户，成都市已成为“最适宜新经济发展的城市”之一。创新活力持续迸发，以“两区一城”为主要载体优化西部（成都）科学城“一区四核”布局，成都超算中心建成投运，新增市级及以上科技企业孵化器及众创空间62家，累计突破250家，其中国家级双创载体达75家，高新技术企业数量超6000家，高新技术产业营业收入突破万亿元。

（四）成都市金融发展现状

2020年12月末，成都市辖内金融机构本外币存款余额为43654.49亿元，比年初增加3826.50亿元，同比增长9.6%。金融机构本外币贷款余额41147.94亿元，比年初增加4683.56亿元，同比增长12.8%。金融运行的主要特点是：

1. 人民币存款增加，贷款投放增长

（1）境内住户存款、非金融企业存款、财政性存款、非银行业金融机构存款增加，机关团体存款减少。从存款结构来看，2020年末住户存款余额为17084.99亿元，比年初增加2184.44亿元，其中定期及其他存款增加1572.86亿元；非金融企业存款余额为14060.79亿元，比年初增加1242.08亿元。定期及其他存款增加913.23亿元。本年机关团体存款减少365.26亿元，财政性存款增加271.91亿元，非银行业金融机构存款增加332.38亿元。

（2）境内住户贷款、企（事）业单位贷款、非银行业金融机构贷款均增加。2020年末，成都辖内金融机构人民币贷款余额为39686.24亿元，比年初增加4554.85亿元，同比增长13.0%。从新增贷款行业分布来看，主要集中于租赁和商务服务业，交通运输、仓储和邮政业，水利、环境和公共设施管理业，制造业等行业及个人消费信贷。

2. 外汇存、贷款均增加

年末，成都市辖内金融机构外汇存款余额为212.86亿美元，比年初增加35.81亿美元。金融机构外汇贷款余额为224.02亿美元，比年初增加32.94亿美元。

3. 金融服务实体经济质效提升

2020 年，成都市企（事）业单位本外币贷款同比增长 13.5%，直接融资额 2927.6 亿元，增长 27.4%。现有境内外上市公司 122 家，其中 A 股上市公司 97 家，新增上市公司 19 家。

4. 金融中心建设进程加快

成都市不断加快西部金融中心的建设，随着中欧国际交易所西部中心落户成都市、“三大金融基础工程”的实施、“蓉易贷”中小微企业金融服务体系的出台等一系列举措，成都市加快了特色金融功能区的建设，全球金融中心指数排名上升至 43 位。

三、金融豫军立足中原——崛起的郑州市

（一）郑州市整体经济发展

根据郑州市统计局发布去年全市经济运行分析，初步核算，2020 年郑州市 GDP 完成 12003 亿元，增长 3.0%，增速分别高于全国、全省 0.7 和 1.7 个百分点。其中，第一产业增加值完成 156.9 亿元，增长 0.9%。第二产业增加值完成 4759.5 亿元，增长 4.5%。第三产业增加值完成 7086.6 亿元，增长 1.7%。

2020 年，面对新冠肺炎疫情带来的严峻考验和复杂多变的国内外环境，郑州市上下科学统筹新冠肺炎疫情常态化防控和经济社会发展，复工复产复商复市加快推进，生产需求持续改善，积极变化累积增多，主要指标恢复性增长，经济运行呈现“稳步复苏、持续向好”的态势。

郑州市 2020 年前三季度 GDP 完成 8405.5 亿元，增速由负转正，增长 1.2%，全年 GDP 增速 3.0%，高于全国 0.7 个百分点。规模以上工业增加值增长 2.3%，固定资产投资增长 3.2%，社会消费品零售总额下降 7.5%，主要经济指标均较半年有大幅回升。

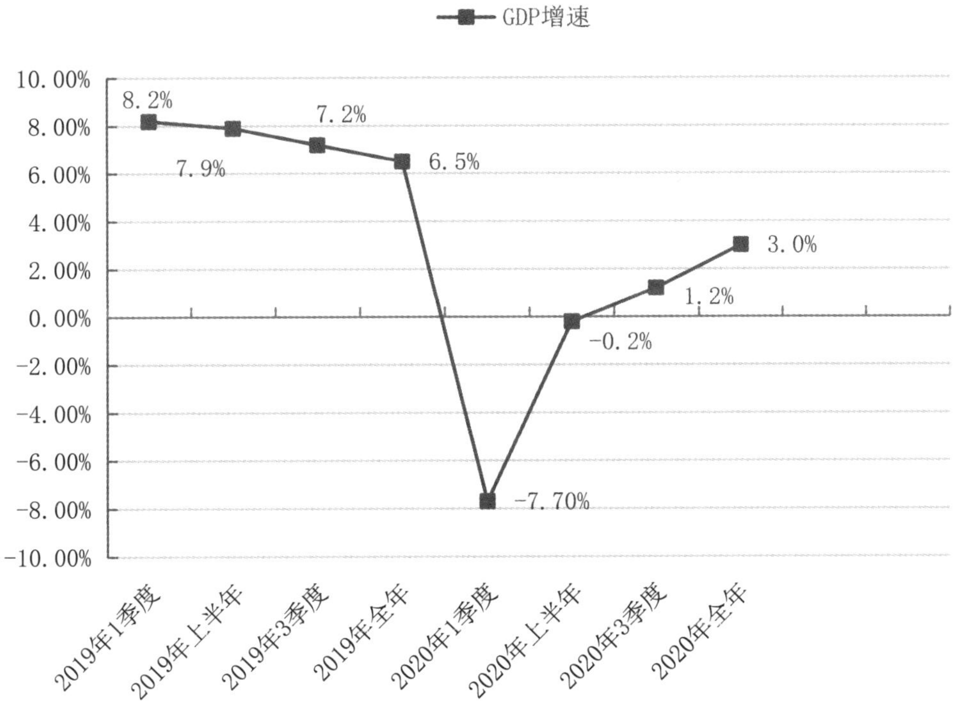

图 3-1-3　2019—2020 年郑州市 GDP 增速情况图[①]

新冠肺炎疫情背景下，郑州市通过促进经济平稳发展 30 条、稳就业 28 条等政策，大力推进经济复苏和复工复产。同时，全市开展“三送一强”活动，累计帮扶企业 37.6 万家，解决用工 275 万人，减免缓税费 514 亿元，成功带动 3 月份以来经济指标企稳向好。

多项利好助力下，郑州市经济的韧性充分彰显，发展之势持续向好：工业生产快速恢复。去年郑州市规模以上工业增加值增长 6.1%，分别高于全国、全省 3.3 和 5.7 个百分点。6.1% 的全年增速，分别比一季度、上半年、前三季度回升 16.4、6.1 和 3.8 个百分点。全市着力构建的现代产业体系，关键时刻彰显发展潜力。去年全市六大主导产业增加值增长 6.3%，成为拉动全市工业增长的中流砥柱。全年全市固定资产投资增长 3.6%，分别比一季度、上半年、前三季度回升 9.5、0.4 和 0.4 个百分点。工业和高技术制造业投资快速增长。其中工业投资增长 20.9%，高技术制造业投资增长 52.6%。

2020 年，郑州市地方财政一般公共预算收入完成 1259.2 亿元，增长 3.0%。居民

① 数据来源：郑州市统计局官网

消费价格温和上涨。全年居民消费价格同比上涨2.3%。全市地方财政总收入1948.8亿元，比上年下降1.1%；地方财政一般公共预算收入1259.2亿元，增长3.0%；其中，税收收入870.1亿元，下降2.6%；市本级收入248.4亿元，增长9.7%。在地方财政一般公共预算收入中，个人所得税36.8亿元，增长2.3%；企业所得税141.2亿元，下降3.2%；增值税301.6亿元，下降4.3%；契税125.3亿元，增长19.2%；房产税29.6亿元，增长3.5%。

（二）郑州市金融业发展现状

1. 金融业贡献度

郑州市2020年全年金融业增加值完成1302.9亿元，占GDP比重10.9%，占服务业比重达18.4%。金融业税收完成107.6亿元，占全市税收的12.4%。

2. 金融业规模效益情况

郑州市2020年人民币存贷款余额分别达2.5万亿元和2.8万亿元，同比增长7%和12.1%，存贷比达114%，创历史新高。保费收入达800.3亿元，同比增长5.6%。综合实力稳居全国区域金融中心十强，金融业在产生增加值、创造税收、服务实体经济发展等方面均发挥了重要作用。

3. 金融机构体系发展情况

郑州市现有各类金融机构395家，其中银行业59家，证券业162家，期货业87家，保险业87家。初步形成了多层次、广覆盖、有差异的机构体系。2020年末金融机构各项存款余额24994.3亿元，比年初增加1638.2亿元，增长7.0%；其中，住户存款余额8961.8亿元，增加1004.7亿元，增长12.6%。金融机构各项贷款余额28439.4亿元，增加3075.1亿元，增长12.1%。全年保险公司保费收入800.3亿元，比上年增长5.6%。其中，财产险收入194.5亿元，增长0.2%；人身险收入605.3亿元，增长7.4%。

4. 多层次资本市场建设情况

2020年，郑州市全年新增4家上市公司，分别为郑州捷安高科股份有限公司、大山教育控股有限公司、河南建业新生活服务有限公司、兴业物联服务集团有限公司。截至目前，全市境内外上市及挂牌公司共 4213 家，其中境内外上市公司 49 家、52 只股票，新三板挂牌公司 181 家，中原股权交易中心挂牌公司 3983 家。郑商所上市交易期货期权品种累计达 28 种，居国内三家商品交易所首位。

5. 金融精准扶贫推进情况

郑州市扎实推进金融精准扶贫，2020 年累计扶贫小额信贷 12415.9 万元，当年新增贷款户数 3469 户，当年新增户贷率 24.4%，历年累计户贷率 50.1%；当年新增精准扶贫企业贷款 15520 万元，带动贫困户 2272 户；全市累计发放精准扶贫企业贷款 16140 万元，带动贫困户 2335 户，带贫率 16.42%。

6. 地方金融发展情况

郑州市政府出台《关于进一步加强政府性融资担保体系建设支持小微企业和“三农”发展的实施意见》，以政策引领带动地方金融组织更好地支持实体经济发展。郑州市中小企业担保公司、中通小贷分别增资至 10.7 亿元、12 亿元，跻身全省两类机构头部企业。全年新增 4 家地方金融组织。

四、建设区域金融中心——奋发的武汉市

近年来，武汉市凭借良好的区位优势及较好的经济基础，在中部地区的地位不断上升，武汉市金融业长足发展，对经济增长的贡献不断提高，建设区域金融中心的步伐不断加快。2020 年武汉市金融业增加值 1628.48 亿元，同比增长 6.2%，占同期 GDP 比重为 10.4%，较去年同期上升 1.2 个百分点。金融业税收收入 235.39 亿元，同比增长 5.49%，占全市税收 10.21%，金融业已成为武汉市第四大支柱产业。到 2025 年，武汉市将实现金融业增加值突破 2500 亿元、存贷款规模突破 10 万亿元、私募基金规模突破 5000 亿元、法人金融机构突破 40 家、上市企业数量突破 150 家等主要目标。打造区域金融中心，既是提升武汉市金融发展首位度、扩大区域金融影响力的定位需要，也是提升金融服务实体经济能力的重要举措。

（一）武汉市金融业综合竞争力位居中部第一

在不平凡的 2020 年，面对严峻复杂的宏观形势，武汉市经济实现“V”型反转。截至 2020 年 12 月末，武汉市地区 38 家内外资银行（法人银行 6 家）及 14 家非银金融机构本外币贷款余额 37072 亿元，占全省 61.56%，同比增长 14.80%，比全国增速快 2.3 个百分点；较年初增加 4757 亿元，比去年同期多增近 700 亿元。本外币存款余额 31006 亿元，占全省 46.17%，同比增长 8.20%，较年初增加 2299 亿元。

武汉市银行业机构贯彻落实中央支持湖北一揽子政策，通过降低融资成本（企业贷款平均利率 4.37%，同比下降 0.71 个百分点）、延期还本付息、减免服务收费等举措，全年为实体经济让利约 320 亿元。

2020 年，武汉市境内外上市公司数量达到 83 家，全年新增 6 家，其中境内上市公司 63 家，占全省 55.30%。境内上市公司总市值达 8121.03 亿元。新三板挂牌公司 193 家，总市值 348.96 亿元，累计募资 50.48 亿元。武汉市地区 83 家保险机构（法人保险机构 4 家）实现保费收入 835.66 亿元，占全省保费收入的 45.06%，同比增长 8.92%。截至 2020 年 12 月末，武汉市小贷公司存量 115 家，典当企业 95 家，其中在营的融资租赁公司有 84 家，商业保理公司存量 8 家，融资担保公司 71 家。

（二）江汉“一街一城”铸金融高地

武汉市的江汉，资本涌动、市场繁荣，金融业发展位居湖北之首。这里是武汉市金融业聚集程度最高的中心城区，以武汉市金融街、武汉市中央商务区为核心，江汉打造“一街一城”金融产业格局，改革驱动创新的势头良好；这里拥有湖北省唯一的一个千亿级别的金融产业集群，“银证信保”等金融细分领域龙头齐聚，行业发展与辐射带动冠绝全省。武汉市金融街、武汉市中央商务区两大金融产业集聚区错位发展、协同共进，金融产业发展新格局凸显。

7 平方千米内，六大国有银行中四大行（中国银行、建设银行、交通银行、邮储银行）省级分行、全国 12 家股份制商业银行中 6 家银行区域总部（招商银行、浦发银行、中信银行等）在江汉集聚，辖区上市券商长江证券长期领跑湖北市场，券商资源在全省占比 50% 以上，中国民营企业 500 强之一的合众人寿保险总部立足江汉，发展多领域综合金融服务。世界 500 强中平安保险、太平洋保险、中国人保等湖北区域总部集聚，武汉市仅有的两家信托公司（交银国信、国通信托）全国总部扎根江汉。

武汉市中央商务区作为武汉金融街之外的又一集聚区，聚力融资租赁、创业投资、股权投资、并购基金等新金融行业，深交所湖北资本市场培育基地、华发期货等新兴金融机构接连进驻，江汉金融业态进一步完善。

经过多年深耕细作，江汉区成为武汉市金融业集聚程度最高的地区，2020 年，江汉区金融业实现税收 74.65 亿元，占全区重点企业收入达 46%，稳居支柱产业之首。金融业发展水平勇夺多项全省第一，凝聚着中部金融中心的核心力量。其中，金融业总注册资本金全省第一，金融网点密度全省第一，金融业税收贡献度全湖北省第一。当下，武汉市集中建设“五个中心”，江汉区聚力千亿版块，主动融入全市大局，打造“区域金融中心”核心集聚区，将加速引进期货、证券、信托等要素性机构，大力推进金融改革创新，优化金融发展生态，培育多层次金融市场体系。

（三）五个“一流”，打造武汉市基金产业“聚宝盆”

一流区位，一流政策，一流运营机构，一流服务，一流投融资生态，武汉市基金产业基地从谋划之初就对标全国一流。一流区位和一流政策，激发金融资本集聚武汉市，致力于打造中部地区政策最优、服务最好、专业性最强的私募基金产业集聚示范基地，该基地总面积 1.1 万平方米，可容纳近 50 家中大型基金企业实体办公和多家基金企业共享办公。基地共分为 6 层，由基金产业展厅、投资人会议中心、投资人俱乐部、基金办公室、基金共享办公空间等功能板块构成，提供基金机构注册、办公、会务、接待等一站式、全功能服务。

武汉市基金产业基地将全面激发金融资本集聚效应，吸引股权投资行业优质私募基金机构在汉阳注册落地。基地还发挥了基金杠杆作用，积极展开产业引导工作，既为私募基金机构提供多样化产业资源，又为汉阳产业发展引入更多金融活水，实现“产业 + 基金”的双轮驱动，加快汉阳企业登陆多层次资本市场的步伐，推进汉阳乃至整个武汉市的产业转型升级。

（四）成立科技金融工作站，为企业提供科技金融产品和服务

2021 年武汉市科技成果转化首场对接活动上，武汉科技金融工作站成立，首批有 8 家，分别是：武汉留学生创业园科技、武汉岱家山科技企业孵化器科技、武汉三

新材料孵化器科技、武汉大学国家大学科技园科技、武汉光电谷孵化器科技、武汉光谷创意产业孵化器科技、华中科技大学科技园科技、经开智造科技企业孵化器科技。

武汉市的科技金融工作站由创业孵化载体与科技金融机构共建。创业孵化载体负责提供基本工作条件、摸排科技企业融资需求，金融机构选派业务能力突出人员担任科技金融业务员，根据科技金融工作站的需求调配进驻，为企业提供科技金融产品和服务。科技金融工作站的成立将继续优化营商环境，促进科技金融赋能科技创新，进一步引导科技金融机构深入科技园区，更好地为企业服务。

第二节　对标分析

一、杭州市与长沙市

（一）金融科技竞争力对标分析

金融科技是未来全球金融竞争的制高点，谁掌握这一最先进的生产力，谁就拥有最强的金融核心竞争力。近两年，随着人工智能、大数据、云计算和区块链等信息技术的日新月异，新一轮科技革命在金融业掀起的磅礴浪潮已不可阻挡。

杭州市是全球移动支付之城、金融科技之城、数字治理之城。近两年，杭州市持续做大做强钱塘江金融港湾，金融科技发展主平台雏形初现——先后成功挂牌全省首个并购金融街区、首个市级互联网金融楼宇、国内首个区块链产业园区等。如今在杭州市，以 5 个金融特色小镇为主的私募金融集聚区，已集聚各类金融服务机构 5000 家，资产管理规模近 2 万亿元。在强劲的势头下，杭州市金融科技发展一直领先全国乃至全球。目前，综合多项国际权威排名，杭州市金融科技中心指数稳居全球第一方阵，体验指数排名第一。其中蚂蚁金融服务集团在 2019 全球科技金融百强榜中继续排名第一；恒生电子在保险、基金、银行、证券等 IT 服务市场占有率保持第一。2020 年 10 月 14 日，杭州市政府与蚂蚁科技集团股份有限公司签订战略合作框架协议，加快打造全国“数字经济第一城”。此外，杭州市的金融科技使用者占比较高，达到 93.5%，是全球唯一一个使用者占比超过 90% 的城市，连续三年金融科技体验排名全球首位。

2018 年 7 月，湖南省政府赋予位于长沙市的湖南金融中心科技普惠定位，以移动互联网、云计算、大数据等各类技术手段武装金融，赋能传统金融创新金融产品和服务，开启了打造全国一流科技普惠金融中心的逐梦之旅。湖南金融中心是长沙市湘江新区现代金融产业链发展主阵地，为推动一流科技金融中心的建成，设立了中部首个金融科技创业平台，打造了金融科技孵化器，建立了国家工程实验室金融大数据安全与应用研究中心，构建“资本青睐、技术领先、人才聚集、信息畅通”的金融科技创新生态区，培育壮大科技金融“新业态”，现已引入 54 家在人工智能、区块链、云计算等领域具备核心竞争优势的金融科技企业，金融科技特色日益鲜明，优势日益突出。“十三五”时期，湖南金融中心共引进金融机构或企业 436 家，金融机构 76 家，其中银行 13 家、证券期货 32 家、保险及中介 19 家、第三方支付 2 家、消费金融 1 家、地方金融机构 9 家、金融科技企业 54 家、专业服务机构 19 家、基金 287 家，管理规模 1764 亿元，片区就业金融人才从 2016 年 300 人发展到如今近万人。以湖南金融中心为例，长沙市的金融科技工作快速有序推进，产业集聚和创新引领效应逐步形成，示范作用和影响力日益增强，2020 年年底，长沙市更获批成为中部唯一的数字人民币试点城市。

表 3-2-1　2021 年中国部分省会城市金融科技竞争力排行表[①]

排名	城市	排名	城市
1	广州	15	贵阳
2	杭州	16	长春
3	南京	17	哈尔滨
4	成都	18	乌鲁木齐
5	武汉	19	南昌
6	西安	20	南宁
7	济南	21	太原
8	福州	22	海口
9	合肥	23	兰州
10	长沙	24	呼和浩特
11	郑州	25	拉萨
12	昆明	26	银川

① 资料来源：《2021 中国内地城市金融科技竞争力榜》

排名	城市	排名	城市
13	石家庄	27	西宁
14	沈阳		

根据证券时报·中国资本市场研究院联合新财富编制的《2021 中国内地城市金融科技竞争力榜》的省会城市金融科技竞争力榜来看（详见上表 3-3-1），杭州市位列第二，长沙市位列第十，从金融科技竞争力的情况来看，长沙市与杭州市相比，还是存在一定的差距。

（二）人才吸引力对标分析

根据泽平宏观和智联招聘联合推出的《2021 中国城市人才吸引力排名》显示，中国最具人才吸引力城市 100 强中，2020 年北京市、杭州市、上海市位居前三名，深圳市、广州市、南京市、苏州市、成都市、宁波市、长沙市位居前十。

“新一线”城市杭州产业发展迅速、主因杭州以电商为代表的产业发展迅速、宜居的人文环境、人才待遇不断提升，人才吸引力排名从 2017 年至 2019 年的第 5 位升至 2020 年的第 2 位。一座城市的国家高新企业数目、人才企业上市数目、独角兽以及准独角兽企业数目等，因背后人才支撑因素明显，实际也都反映着城市人才发展现状。人才是数字经济第一城的核心资产。2020 年 10 月 14 日，杭州市政府与蚂蚁科技集团股份有限公司签订战略合作框架协议，依托杭州市的人才新政，蚂蚁集团将加大力度，延请全球顶尖人才来杭创业创新，双方将围绕金融科技核心关键技术，持续加大研发和创新投入，加快科技基础设施和创新平台建设，加大国内外高端人才引进和培养，将杭州市打造成为全球重要的金融科技创新策源地和人才高地。从 2020 年应届毕业生的就业流向来看，阿里天猫、海康威视、大华技术、杭港地铁、恒生电子等企业都是年轻人争相应聘的热门公司。很显然，电子商务、智能物联网、大数据服务、城市新基建、金融服务等杭州重点发展领域，对人才的吸引力很强。

长沙市在最具人才吸引力城市排名中位列第 10 名，比 2019 年的第 18 名上升 8 名。目前，长沙已成为常住人口破千万、GDP 破万亿的城市。长沙市连续三年被评为“中国十大美好生活城市”，连续十三年被评为“中国最具幸福感城市”。 近年来，长沙市始终坚持“房住不炒”定位，在长沙，“房子是用来住的，不是用来炒的”，在全国所有大城市里，长沙市房价和收入比最低的城市。近年来，长沙市先后发布《长沙市建设创新创业人才高地的若干措施》《长沙市青年人才筑梦工程实施细则》等政策礼包，从高端人才的项目扶持、落户优惠、购房及生活补贴等方方面面，给予政策和资金上的倾斜,在全国性的“人才争夺战”抢占先机。2021 年 3 月,长沙市更是推出“史上最强人才新政”——《中国（湖南）自由贸易试验区长沙片区人才集聚发展若干措施》，从十个方面制定了 45 条人才政策，加速引进高层次人才和海外人才，提升人力资源服务，强化人才工作生活保障、做好人才家属服务，赋能高质量发展。

（三）上市竞争力对标分析

上市公司集群往往代表着一个城市的核心竞争力，2021 年 1 月，中国基金报联合数据宝统计并发布了 2020 年末中国内地各大城市上市公司市值榜单，有 17 个城市的总市值超过 1 万亿元。上市公司总市值前 5 名为 :北京市、深圳市、上海市、杭州市、广州市。长沙市位列第 11 名,上市公司总市值超过万亿元,位居中西部省会城市之首。

表 3-2-2　2020 年上市公司总市值超万亿的内地城市排行表①

排序	城市	总市值（亿元）	公司数量（家）
1	北京	271790	49
2	深圳	163597	25
3	上海	124205	24
4	杭州	81896	7
5	广州	32807	8
6	怀仁	25099	1
7	佛山	20154	4
8	南京	13912	2

① 资料来源：2021 年中国基金报联合数据宝统计的数据

续表

排序	城市	总市值（亿元）	公司数量（家）
9	无锡	13860	3
10	天津	11962	3
11	长沙	11841	2
12	成都	11819	1
13	宜宾	11402	1
14	宁波	10941	2
15	西安	10887	3
16	苏州	10813	0
17	重庆	10051	2

2020 年，新冠肺炎疫情肆虐全球，各国经济艰难异常，中国的年经济增也速降至 2% 左右。在扶持科技企业、创新企业加速成长和推动经济转型升级的历史使命之下，借助注册制改革加速的“东风”，2020 年 A 股 IPO 出现了加速再加速。新冠肺炎疫情影响下，各地政府加速推动优质企业上市，借助上市来推动地区产业升级，形成产业集群，带来资金流、技术流、人才流、消费流和税收流。2020 年 11 月 28 日，“2020 中国资本年会”发布了上市竞争力领先城市榜单。从表 3-2-3 来看，综合 2020 年前十个月已上市 A 股公司家数和 IPO 排队家数，北京市、上海市、深圳市、苏州市、杭州市、宁波市、无锡市、广州市、南京市、长沙市为上市竞争力前十的领先城市。

表 3-2-3　2020 年上市竞争力领先城市及区县排行表[①]

排名	城市	2020 年前十个月新上市家数（家）	IPO 排队家数（家）
1	北京市	39	68
2	上海市	31	71
3	深圳市	25	72
4	苏州市	21	47
5	杭州市	14	41
6	宁波市	12	19
7	无锡市	10	19
8	广州市	9	27
9	合肥市	8	12
10	南京市	7	18
10	厦门市	7	13
10	长沙市	7	13
10	成都市	7	23

从榜单来看，杭州市 2020 年前十个月新上市家数为 14 家，IPO 排队家数为 41 家，长沙市 2020 年前十个月新上市家数为 7 家，IPO 排队家数为 13 家。杭州市于 2018 年出台"凤凰行动"计划以来，以"金融服务实体经济高质量发展"为活动载体，不断优化重点拟上市企业发现培育机制、长效服务机制、政策扶持机制，不断优化营商环境和上市后高质量创新发展环境。杭州市 2020 年已实现新增境内外上市 21 家并成为全国第四个上市公司数量超过 200 家的城市，从上市竞争力来看，长沙市和杭州市存在一定差距。

① 资料来源：2020 中国资本年会数据

二、成都市与长沙市

（一）整体经济对标

据 2020 上半年 GDP 数据显示，成都市有着 8298.63 亿元的 GDP 总量，名列全国大陆地区前七强，在成都市前面的正是被誉为姑苏天堂的苏州市。根据市（州）地区生产总值统一核算结果，2020 年，成都市实现地区生产总值 17716.7 亿元，按可比价格计算，地区生产总值同比增长 4.0%，居全国城市第 7 位，高于全国 1.7 个百分点、高于全省 0.2 个百分点，以全省 36.5% 的经济占比贡献了全省 51.5% 的税收收入，金融业增加值、进出口总额、外商投资占全省比重分别达到 62.6%、88.5%、85.4% 的历史新高。

长沙市 2020 年实现地区生产总值 12142.52 亿元，比上年增长 4.0%。虽然同比增长都是 4.0%，但是整体来说，位于西部的成都市的 GDP 总量比位于中部的长沙市要高得多。

（二）金融产业发展对标

1. 金融产业贡献度情况

西部城市成都市，2020 年金融业增加值表现较好，超过天津市，荣升全国第 6，达 2114.80 亿元，同比增长 11.68%，说明成都市金融业方面取得显著成效，质量不断提升，发展潜力巨大，未来必将成为佼佼者。从增速看，未来几年成都市金融业增加值有望超过广州、重庆，晋升全国第四，当然如果质量水平，与广州市还是存在差距，需进一步加强。

长沙市全年全市实现金融业增加值 920.32 亿元，比上年增长 8.6%，高于全市 GDP 增速 4.6 个百分点，金融业对全市经济增长的贡献率为 13.0%，占全市 GDP 的比重达 7.6%，比上年提升 0.4 个百分点。2020 年末，全市金融业共实现税收 219.80 亿元，比上年增长 29.4%；占全市税收收入的比重达 10.9%，比上年提升 2.3 个百分点。

虽然长沙市金融业增加值相比往年有所增加，不论是从增加值总量还是增加速度，长沙市都远不及成都市，成都市金融业增加值是长沙市的 2 倍多，同比增长速度也高出 3 个百分点。

2. 金融产业规模效益情况

2020 年 12 月末，成都市辖内金融机构本外币存款余额为 43654.49 亿元，比年初增加 3826.50 亿元，同比增长 9.6%。金融机构本外币贷款余额 41147.94 亿元，比年初增加 4683.56 亿元，同比增长 12.8%。要素供给持续增强，金融服务实体经济质效提升，企（事）业单位本外币贷款同比增长 13.5%，直接融资 2927.60 亿元，增长 27.4%。现有境内外上市（含过会）公司 122 家，其中 A 股上市公司 97 家，新增上市公司 19 家。

2020 年末，长沙全市金融机构各项存款余额 2.33 万亿元，比年初增加 2268 亿元，比上年增长 10.8%；全市金融机构各项贷款余额 2.43 万亿元，比上年增长 14.2%。虽然同比存贷款余额增长速度都在 10% 左右，差距不大，但是成都存贷款月总量几乎是长沙的 2 倍。根据可统计口径，长沙市全年新增直接融资达 2144 亿元（历史高点为 1005 亿元），同比增长 201%，同比增长速度是成都的 10 倍。2020 年，长沙市新增上市公司 9 家，年末 A 股上市公司达 70 家，位居中部省会第 1、全国省会城市第 5，和成都相比还有一定差距。

（三）农村金融发展对标

由中国人民大学国际货币研究所 (IMI) 编制的“2020 年天府金融指数”在京发布。指数显示，2020 年成都市金融综合竞争力排名全国第六，与上年保持一致。其中，新兴金融分指数排名位列全国第六，农村金融子指数更是连续 5 年位居全国第一。

表 3-2-4　2020 年成都市和长沙市金融指数得分和排名表[①]

城市	总指数		人力资源		新型金融		农村金融	
	得分	排名	得分	排名	得分	排名	得分	排名
成都	46.07	7	52.05	4	46.60	6	84.33	1
长沙	35.21	11	37.67	12	36.16	11	62.91	4

① 数据来源：2020 年天府金融指数

从具体指数分析来看，传统金融分指数前十名城市没有发生变动，成都市位居第7，部分子指数表现突出，具有较大的发展潜力。从表3-2-4的部分指标来看，成都市人力资源排名第四，展现出一定的金融人才优势，另外农村金融优势继续保持，连续五年位居全国第一。农村金融发展经验上，成都市主要表现在创新建设农村金融平台、探索农村金融发展新机制两个方面。包括通过建设“农贷通”服务平台，打通农村金融服务“最后一公里”；在全国率先探索农村产权抵（质）押融资；制定出台多项产业园区和高标准农田规划和激励政策，系统性、创新性推进农业园区和高标准农田建设发展。

长沙市总指数排名第11位，与2019年相比前进1位，并没有挤进前十；但是农村金融发展排名第四，发展势头良好。

2021年5月28日长沙市乡村振兴局与农业银行长沙市分行、长沙市国有资本投资运营集团有限公司签署乡村振兴金融服务项目三方合作框架协议，并现场上线长沙市农村综合金融服务平台，以金融创新赋能长沙市建设乡村振兴示范市。三方将建立长沙市乡村振兴战略合作关系，在金融数据服务、金融信贷服务、数字乡村建设等方面开展全方位合作，并借助新上线的长沙市农村综合金融服务平台，打通银政企数据共享渠道，解决农户及涉农小微企业融资渠道不畅、融资效率不高、信用评价体系不优等难题，推动三农领域金融服务更加个性化、智能化、普惠化，为长沙市建设乡村振兴示范市提供更加有力的金融支撑。

长沙市农村综合金融服务平台通过高效归集银政企三方数据，为需要融资的客户“画像”，提供精准高效的金融服务。有需求的“三农”群体可在线快速完成无抵押、免担保的纯信用申贷流程，单个涉农企业贷款额度最高可达300万元。下一步，长沙市农村综合金融服务平台将进一步深化乡村振兴政银企战略合作，全力打造互联网金融服务“三农”的示范基地，充分满足广大乡村地区多层次、多样化的金融需求。在未来五年，该平台将为全市20多万户涉农中小微企业、新型农村经营主提供授信服务，授信总额度达到300亿元，贷款净增达到100亿元。

（四）金融政策对标

近年来，特别是2017年7月成都市产业发展大会和2018年2月建设国家西部金融中心大会召开以后，成都市积极推动金融产业政策聚焦发力、精准攻坚，形成了以

《关于进一步加快建设国家西部金融中心的若干意见》为引领，《关于推行“蓉易贷”进一步完善成都市普惠金融服务体系的实施意见》《关于支持金融科技产业创新发展的若干政策措施》《成都市引进培育交子金融人才实施办法》等近 30 项配套政策为支撑的“1+X”政策体系。

新冠肺炎疫情发生以后，成都市围绕新冠肺炎疫情防控和复工复产工作，及时出台了《成都市金融业新型冠状病毒感染的新冠肺炎疫情防控工作方案》《应对新冠肺炎疫情加大金融支持中小微企业力度有关政策申报指引》《关于统筹推进新冠肺炎疫情防控和经济社会发展工作奋力完成 2020 年经济社会发展目标的意见的实施细则》等系列金融政策，提出精准务实的金融支持举措，通过“一增（融资总量）、一降（利率水平）、两减免（逾期利息、融资担保费）、三补贴（企业贷款贴息、金融机构新冠肺炎疫情续贷损失、减免部分融资担保费）”等方式助力企业复工复产。

成都市还注重金融政策的创新性，出台了《关于进一步加快建设国家西部金融中心的若干意见》，对落户持牌法人金融机构给予最高不超过 4000 万元奖励。成都市联合中国人民银行成都分行发布《成都市金融科技发展规划（2020—2022 年）》，成为全国首个由地方政府和人民银行共同发布实施的金融科技发展规划。面对科创板开板的重大机遇，成都市率先出台《加快推进成都市企业科创板上市扶持政策》。针对中小微企业存在的融资难、融资贵、融资慢难题，成都市发布《关于推行“蓉易贷”进一步完善成都市普惠金融服务体系的实施意见》，率先系统实施普惠信贷工程。

长沙市高度重视金融发展对全市经济的核心作用，成立了专门的部门指导、协调金融业的发展，并出台了一系列的文件，如湖南湘江新区管理委员会 2020 年 3 月 30 日印发《关于支持湖南金融中心发展的若干措施（试行）》《长沙高新区促进科技金融业发展的实施细则》《长沙市金融企业高层次人才分类认定目录（试行）》《湖南湘江新区管委会关于支持金融科技发展的实施意见（试行）》等。《湖南湘江新区管委会关于支持金融科技发展的实施意见（试行）》正式发布标志着长沙市成为继北京市、深圳市两地之后全国第三个出台支持金融科技专项政策措施的城市。

尽管长沙市对金融业的政策扶持不少，但是与成都市采用的“1+X”政策体系相比，长沙市的金融发展配套政策相对比较单一、薄弱，没有形成体系。

三、郑州市与长沙市

（一）整体经济对标

郑州市在 2019 年实现地区生产总值（GDP）11589.7 亿元，比长沙市高出 15 亿元，夺得中部第二的席位。但是长沙市在经济增速上超过了郑州市，2019 年保持了 8.1% 的高速增长，在中部省会城市中位居第一。根据郑州市统计局发布的数据，2020 年郑州市 GDP 完成 12003 亿元，增长 3%，增速分别高于全国、全省 0.7 和 1.7 个百分点。根据长沙市统计局发布的数据，长沙市统筹推进疫情防控和经济社会发展，2020 年实现地区生产总值 12142.52 亿元，比上年增长 4.0%，反超郑州市。

在中国有 5 个 12000 亿元级别的城市，分别是宁波市、无锡市、青岛市、长沙市、郑州市，五者差距较小，竞争激烈。2020 年上半年，湖南长沙市生产总值（GDP）为 5621.21 亿元，同比增长了 2.2%，比第一季度提高了将近 3 个百分点，长沙全市规模以上的工业增加值增长了 3.9%，整体领先于郑州市（5459.60 亿元）、宁波市（5487.20 亿元）、无锡市（5516.30 亿元）的。2020 年，长沙市 12142.52 亿排名无锡市之后位列全国第 15 位，郑州市 12003 亿元，排名全国第 16 位。

（二）金融产业发展对标

1. 金融产业贡献度情况

郑州市 2020 全年金融业增加值完成 1302.90 亿元，占 GDP 比重 10.9%，占服务业比重达 18.4%。金融业税收完成 107.60 亿元，占全市税收的 12.4%。

长沙市全年实现金融业增加值 920.32 亿元，比上年增长 8.6%，高于全市 GDP 增速 4.6 个百分点，金融业对长沙市经济增长的贡献率为 13.0%，占全市 GDP 的比重达 7.6%，比上年提升 0.4 个百分点。2020 年末，长沙市金融业共实现税收 219.80 亿元，比上年增长 29.4%；占全市税收收入的比重达 10.9%，比上年提升 2.3 个百分点。

不论是 2020 年的金融业增加值，还是占 GDP 的比重，郑州市都远远高于长沙市。长沙市的金融业增加值仅是郑州的 70.6%，占 GDP 比重也比郑州少 3.3 个百分点。虽然两个城市金融业税收占全市税收占比比较接近，但是长沙市在金融业税收方面贡献度比郑州市有优势，2020 年郑州市金融业税收还不到长沙市的一半。

2. 金融产业规模效益情况

郑州市年末金融机构各项存款余额 24994.30 亿元，比年初增加 1638.20 亿元，增长 7.0%；其中，住户存款余额 8961.80 亿元，增加 1004.70 亿元，增长 12.6%。金融机构各项贷款余额 28439.40 亿元，增加 3075.10 亿元，增长 12.1%。存贷比达 114%，创历史新高。保费收入达 800.30 亿元，同比增长 5.6%，其中，财产险收入 194.50 亿元，增长 0.2%；人身险收入 605.30 亿元，增长 7.4%。

2020 年末，长沙市的金融机构各项存款余额 2.33 万亿元，比年初增加 2268 亿元，比上年增长 10.8%。2020 年末，长沙市新增贷款创历史新高，金融机构各项贷款余额 24261.26 亿元，比上年增长 14.2%，年度新增贷款突破 3000 亿元，为保市场主体、稳经济基本盘提供了强有力支撑。2020 年，长沙市原保费收入 523.66 亿元，比上年增长 11.16%。

从综合实力看，郑州市稳居全国区域金融中心十强，金融产业在产生增加值、创造税收、服务实体经济发展等方面均发挥了重要作用。郑州市存贷款余额总量、存贷比、保费收入都比长沙高。从增长速度来看，长沙市 2020 年金融机构存款余额、贷款余额、的增长速度比郑州分别高出 3.8%、2.1%；尤其是保费收入方面，郑州市的年增长速度仅是长沙市的一半。

（三）新兴金融业发展对标

表 3-2-5　2020 年郑州市和长沙市新兴金融指数得分和排名表[①]

城市	总指数		科技金融		绿色金融		文化金融		农村金融	
	得分	排名	得分	排名	得分	排名	得分	排名	得分	排名
郑州	33.42	14	20.53	19	41.13	26	19.60	17	66.80	2
长沙	35.21	11	25.30	13	47.15	15	30.17	8	62.91	4

根据“2020 年天府金融指数”的新兴金融指数，从表 3-2-3 来看，除了农村金融指数，长沙市的其他新兴金融指数都排在郑州市之前，说明长沙市金融领域的各方

① 数据来源：2020 年天府金融指数

面发展比较均衡。科技金融指数方面，长沙市排名第 13 名，郑州市排名 19 名，领先 6 个名次；绿色金融方面，长沙市排名第 15 名，郑州市排名第 26 名，郑州市排名比较靠后；文化金融方面，长沙市排名进入了 35 城中的前十名，排名第 8 名，郑州市排名第 17 名；农村金融方面，郑州市和长沙市都进入前五名，分别排名第 2 名和第 4 名，郑州市反超长沙市。郑州市注重发展农村金融机构，新型农村金融机构从业人数和资产总额均在 35 个城市中位居榜首，在消费信贷支持下，镇区及乡村消费品零售额占全社会消费品零售额的比重由上期的 42.8% 提升至本期的 48.1%，使得郑州市农村金融子指数排名由上期的第 6 名提高至本期的第 2 名。

（四）金融中心对标

郑州商品交易所（简称“郑商所”）从最初以农产品为主的交易所逐步发展成为综合性交易所，成长为具有大宗商品定价权的交易所之一。2018 年，郑商所累计成交量为 8.18 亿元手，成交金额为 38.23 万亿元，比上年分别增长 39.55% 和 78.88%，在全球衍生品交易所中排名第 13 位。

作为中国首家期货市场试点单位、中西部唯一、全国四家期货交易所之一，郑州商品交易所自成立以来已多次创造业内第一：国内第一个化工品种 PTA 期货挂牌，拉开了郑州商品交易所向综合性期货交易所转变的序幕；上市国内第一个危化品种甲醇期货，上市中国最大市值能源品种动力煤期货，相继推出 5 个世界独有的期货品种。如今，郑州商品交易所品种创新能力明显提升，承担起更为重大的金融服务实体经济重任。为深入贯彻落实中央“稳步扩大‘保险 + 期货’试点”的政策精神，按照证监会相关部署，郑州商品交易所于 2016 年开始以“扩大覆盖范围、助力精准扶贫，丰富试点内涵、贴近农户需求”为原则，积极开展“保险 + 期货”试点建设工作。

2017 年，长沙市按照“一主（芙蓉路金融街）、一副（沿江金融聚集带）、一区（金融后台园区）、一园（科技与金融结合的创新园区）”的总体布局，科学制定金融产业发展的空间布局规划，重点建设湘江新区滨江金融中心。目前一主一副均已成型，一区和一园目前还处于发展阶段。目前已形成金融中心的区域主要有湖南金融中心、长沙金融生态区以及南湖金融功能区。

从位置来看，三大金融中心均围绕长沙市中心而建，目前仅湖南金融中心位于河西，作为后起之秀，在交通和配套上更占优势；南湖金融功能区靠近长株潭融城核心，可吸纳湘潭市、株洲市等地级市的金融资源。

与郑州市相比，长沙市目前形成的金融中心不论从实力还是影响力，都有待提高。长沙市应加快与中西部地区的金融融合，依托长沙市在全省金融资源集中的优势地位，推进长沙市金融业区域性双向开放，促进国内国际要素有序流动、金融资源高效配置、金融市场深度融合，强力构建长沙市金融发展极和金融战略支点，努力打造立足长株潭、辐射全省、服务中西部、面向全国、联系世界的区域金融中心。

四、武汉市与长沙市

（一）城市竞争力对标分析

城市综合经济竞争力作为城市发展的基石，衡量着城市经济发展的实力，是当前和短期的经济绩效的决定力量，也是城市未来和长期发展的关键基础。

2021 年 11 月，中国社会科学院财经战略研究院与中国社会科学出版社在北京共同发布《中国城市竞争力报告》。报告显示，2021 年综合经济竞争力排名前十城市依次为：上海市、深圳市、中国香港、北京市、广州市、苏州市、台北市、南京市、武汉市、无锡市；排名第 11 到第 20 的城市依次为：杭州市、成都市、宁波市、佛山市、澳门市、长沙市、东莞市、常州市、厦门市、青岛市。可见，武汉市与长沙市，一个在前 10 名，排名第 9，一个排名第 16，城市综合实力有一定的差距。

报告中还显示，2021 年中国城市可持续竞争力排名前 20 的城市分别为：中国香港、深圳市、台北市、上海市、北京市、广州市、武汉市、苏州市、南京市、厦门市、无锡市、杭州市、东莞市、成都市、佛山市、合肥市、长沙市、郑州市、天津市、青岛市。其中，中西部城市可持续竞争力排名上升较快——成都市上升 6 名、合肥市上升 6 名、长沙市上升 9 名、郑州市上升 7 名。

报告还显示，2021 中国城市科技创新竞争力排名前 20 的城市中，长沙市排名第 17 名，总体来看，前 20 强城市基本上都是高等教育重镇或高新技术企业集聚的大城市。

从经济活力竞争力方面来看，武汉市在这一子榜单上排在全国第 11 名，长沙市在这一子榜单上排在全国第 14 名。

（二）科教资源对标分析

创新是引领发展的第一动力，是实现高质量发展的战略支撑，而实现创新的关键又在于科教资源的集聚能力和转化水平。

武汉市是湖北省的省会，具有集聚省级科研机构的天然能力，科研实力惊人，2020 年《自然》发布全球“科研城市”排名，武汉市位列中国第 4、全球第 13。武汉市拥有 129 所高校、近 160 万名在校大学生，武汉大学、华中科技大学、中南财经政法大学等高校金融学科实力强劲。武汉市拥有 73 位院士、29 个国家重点实验室、7 家湖北实验室、3600 多家科研机构。

长沙市科教资源丰富。目前，全市共有 59 所高校，97 个独立科研机构，61 名两院院士，6.76 万名在校研究生，73 万名在校高校学生。长沙市高新技术人才净流入量稳居全国前列，人才总量达 150 万，2020 年更是获评“魅力中国——外籍人才眼中最具吸引力的中国城市”榜单中的最具潜力城市。

和武汉市相比，长沙市的科教资源略显薄弱，随着湖南建设创新型省份正式获批，湖南省把创新作为引领发展的第一动力，以创新型省份建设为旗帜性抓手，进一步发挥湖南科教资源优势，为推动高质量发展，建设富饶美丽幸福新湖南提供战略支撑。

第三节　长沙市金融业存在的问题与不足

近年来，长沙市大力发展金融业，推进金融业改革的同时在政策上给予各类优待，力争将长沙市打造成为区域性金融中心，把金融业培育成全省重要的支柱产业，金融机构体系逐步完善，金融市场功能不断增强，金融发展环境持续优化，金融发展进程明显加快，对经济的支撑作用逐渐增强，呈现出快速健康发展的良好势头。但与杭州、成都、郑州、武汉相比，长沙市金融业发展还存在以下问题：

一、金融业整体规模偏小

从长沙市对比杭州市、成都市、郑州市、武汉市等中部省会城市的结果来看，金融业整体规模偏小。从下表 3-3-1 可以看出，尽管长沙市金融产业规模不断扩大，但经济总量偏小，地方金融实力不强，长沙市虽本地银行较多，但经济实力并不强，7 家本地银行的资产总规模并不高，但未来发展空间充足，本地保险业落后，仅有一家财信吉祥人寿保险股份有限公司，资产总规模偏小；从经济贡献来看，长沙市金融业占 GDP 比重也处于末位，横向对比来看，与杭州市、成都市有较大差距；从产业结构来看，银行业发展势头较好，但保险、证券，金融总部等相对落后，近两年长沙市出让多宗金融总部基地的地块，给未来金融业留下了较大的发展空间。

表 3-3-1　2020 年长沙市与其他城市的金融业规模比较表[①]

城市	本地商业银行(家)	资产总规模（亿元）	本地证券机构(家)	资产总规模（亿元）	本地保险机构（个）	资产总规模（亿元）
长沙	7	4309.96	3	1296.78	1	38.58
郑州	7	2158.89	1	282.69	1	——
武汉	3	4423.65	2	824.91	3	777.11
合肥	6	5657.83	2	761.00	1	——

① 数据来源：湖南省统计局、湖北省统计局、河南省统计局、安徽省统计局

从经济贡献来看，长沙市金融业占 GDP 比重也处于末位，横向对比来看，与郑州市、武汉市有较大差距。从经济总量来看，长沙市金融业整体规模偏小，但本地商业银行较多，未来发展空间充足；从产业结构来看，银行业发展势头较好，但保险、证券，金融总部等相对落后，近两年长沙市出让多宗金融总部基地的地块，给未来金融业留下了较大的发展空间。

二、金融中心综合竞争力有待提高

表 3-3-2　中部省会城市第十二期中国金融中心指数（CDI CFCI）综合竞争力排行表[①]

城市	第十二期（CFCI12）排名		排名变化
	得分	排名	
杭州	69.60	5	上升 1 名
成都	63.12	6	下降 1 名
武汉	52.81	10	维持不变
郑州	51.66	11	上升 1 名
长沙	42.79	15	上升 3 名
合肥	38.79	21	维持不变
南昌	34.38	26	维持不变

根据第十二期中国金融中心指数（CDI CFCI）报告，结合下表 3-3-2 和表 3-3-3 所示，总体来看，杭州市金融中心综合竞争力较强，在全国排名第五，整个中部地区金融中心综合实力整体偏弱。中部地区武汉市、郑州市、长沙市、合肥市、南昌市金融中心综合竞争力排名分别为第 10 位、第 11 位、第 15 位、第 21 位和第 26 位。五个城市整体呈现两大梯队发展态势，武汉市和郑州市属于第一梯队，持续保持中部领先地位，长沙市在追赶排名靠前区域金融中心。金融产业绩效方面，郑州市金融产业

① 数据来源：中国金融中心指数（CDI CFCI）报告第十二期

绩效得分远高于区域平均水平和中部地区其他四个城市，武汉市略高于区域平均水平，长沙市、合肥市和南昌市均低于与区域平均水平。在金融市场规模排名方面，排名下降幅度最大的是长沙市，下滑 6 个名次，排名第 17。

表 3-3-3　中部省会城市金融中心综合竞争力排名表[①]

城市	综合竞争力排名	金融产业绩效排名	金融机构实力排名	金融市场规模排名	金融生态环境排名
武汉	10	13	10	9	6
郑州	11	10	17	6	15
长沙	15	20	16	17	13
合肥	21	17	19	13	24
南昌	26	28	25	18	25

三、金融业发展内部不平衡

长沙市金融业不断发展壮大，但行业内部发展不均衡，结构不合理，直接融资占比低，不同区县金融业发展差距悬殊、金融企业结构单一。从功能区分区看，金融聚集区多点布局、多方发力，但产业发展同质化，竞争力有待提高。

从产业结构看，长沙市金融机构发展不平衡，总体来看主要表现在结构单一，银行业一业独大，保险业和证券业则处于薄弱的态势，保险密度甚至低于全国平均水平，其他金融机构发展缓慢，各种金融服务机构，如会计师事务所、资信评估机构、资产管理公司、经纪公司等，数量相对较少、质量较差。虽然近几年一些新兴的金融机构，如互联网金融公司、消费金融公司等发展速度加快，机构数量呈现出较快增加趋势，但是各项指标的所占比重仍然相对偏低。新兴产业逐步壮大，但金融产业创新滞后，2020 年，全市共筹建、新设及增资融资担保公司、小贷公司和典当行共 10 家，但与其他中部省会城市相比，金融产业创新还有较大差距。

① 数据来源：中国金融中心指数（CDI CFCI）报告第十二期

长沙市金融业区域发展不均衡，从金融业增加值在不同区县的分布情况来看，近几年各个区县的金融业增加值都在增加，但芙蓉区一直居于榜首，望城区一直居于末位，两者金融业增加值差距悬殊。另外，长沙市金融中心出现多点多格局发展，例如，岳麓区地处西南的洋湖片区，在 2012 年就给出了“总部经济区”的牌子，湖南省金融覆盖面最大的金融机构湖南省农村信用联社落户这里；而最近几年，岳麓区的滨江片区全力的湖南金融中心，也有 40 多家总部金融机构入驻，片区热度非常高；天心区 2016 年提出要打造湘江金融“新外滩”。可见,长沙市缺乏领头性标志性金融中心，与武汉华中金融城、郑州龙湖金融岛等相比，金融业竞争实力有待提高。

四、科技金融发展面临困境

目前，长沙市科技金融领域专业化资本运作水平高的人才普遍短缺，特别是既懂金融又懂互联网科技的复合型人才，科技金融人才团队建设远滞后于科技创新人才团队建设，导致科技金融服务能力和绩效整体水平不高。而滞后的科技金融结构对区域产业结构的升级产生了不利影响。高层次人才稀缺将是我们需要面临的一个长期性问题。在创新决定未来的时代，技术创新对思维方式、生产方式、生活方式以及政府政策等都将产生广泛而深刻的影响。长沙市应该加快改革和发展的步伐，尽快使企业成为技术创新主体，培育企业的技术创新能力，规范技术创新实现的市场条件，发挥政府为企业技术创新服务的职能作用，实施有效的区域技术创新战略，建立高效率的区域技术创新体系。

同时，长沙市缺乏一整套为科技金融服务的政策体系，长沙市政府没有专门的机构对科技金融创新负责到底。从一些西方发达国家的经验看，政府在推动科技金融过程中更多采取税收减免的办法对市场主体给予激励，这为长沙市从政府层面支持金融科技发展提供了思路。

在创新决定未来的时代，技术创新对思维方式、生产方式、生活方式以及政府政策等都将产生广泛而深刻的影响。长沙市作为一个农业大省的省会城市，工业发展水平相对落后，与国内先进省市相比，长沙市的金融企业无论在创新投入、研发能力还是成果转化等方面都存在着较大的差距。在推进互联网金融创新发展方面，杭州市出台了很多政策支持，为杭州市互联网金融的创新发展创造了一个宽裕而富有吸引力的环境，杭州市互联网金融与财富管理成为杭州市金融业的新增长极；和杭州市、武汉市、成都市相比，长沙市金融专业人才数量相对匮乏，在人才培养和机构引进方面的政策力度不足。长沙市在有关金融效率、金融机构及金融市场等方面的政策措施相对较少，力度不足，不具备系统性。

第四章
长沙市金融业发展现状归因分析

长沙市是中国中部内陆城市，相比较长江沿线城市和沿海城市，陆路水路交通不便，经济发展也未占据先机，金融业发展起步晚，发展基础薄弱，再加上地缘优势不突出，政策上也不占优势，金融业的发展落后武汉、重庆、成都等内陆城市，与制造业的融合以及现代服务业的融合还有待进一步加强。

第一节　发展历程较慢

一、“长沙”之名与其经济发展

“长沙”之名有据可查的最早见于《逸周书·王会》关于贡品“长沙鳖”之说，距今3000多年。约2400年前的春秋战国时期楚国于长沙建城。一直到今天，城址一直未变，2000多年前的道路甚至与今天所在位置的街巷依然重合，故此长沙成为中国历史上最长时间在同一地址建城的城市之一。

不同的历史时期，长沙市曾有“临湘”“潭州”古称。唐宋和明清时期的长沙市，其经济和文化为其历史上最为繁荣的时期。清朝末年到民国初期，长沙市成为重要的政治和革命活动地。戊戌变法的陈宝箴、谭嗣同，在长沙市兴办时务学堂。之后自立军起义、华兴会、公祭陈天华和姚宏业、浏萍醴起义、抢米风潮，都是很有影响力的活动。黄兴在清朝末年进行了一系列的反清活动，为中华民国的建立做出了重大贡献。民国初期到新中国成立，长沙市作为青年毛泽东生活和活动的地方，被人们称为“伟人故里，革命圣地”。

解放前的长沙市，区域面积只有6.17平方公里，经济发展缓慢，工业以手工业为主，100人以上的工厂仅有7家，加之屡遭战火，解放时的长沙，基础设施残缺，经济发展落后，市场萧条。建国后到改革开放初期的20世纪80年代，长沙市的经济状况和沿海城市的差距越来越大，在中部城市中也不占优势，直到20世纪90年代后期和21世纪初，长沙市才逐步进入快速发展时期，成为中西部重要的中心城市。

二、长沙市金融业历史

（一）银行业发展史

长沙市银行业起步较晚。1896年（光绪二十二年），湖南巡抚陈宝箴委托朱昌琳、朱恩绂父子开办湖南阜南官钱局。1899年（清光绪二十五年），湖南巡抚俞廉三向奏请停办。1901年（光绪二十七年），湖南巡抚俞廉三筹在长沙设湖南官钱局，次年元月开业。1912年(民国元年),湖南都督谭延闿将“湖南官钱局”改组为湖南银行,为湖南有银行之始。

湖南银行原有资本银53万两,后由历年余利项上加拨27万两,共80万两,主要业务为发行纸币,代理财政金库,经营存款、放款和汇兑,并附设湖南储蓄银行。1918年3月北洋军进攻长沙,驻防桂军将领谭浩明勒提湖南银行巨款南逃,散兵游勇也乘机入行抢劫,导致湖南银行倒闭。

1913年7月,交通银行在长沙市设立分行,办理全省一切交通银行业务,并发行长沙地名券。与杜甫江阁隔路相望的长沙交通银行旧址已被列为长沙市近现代历史保护建筑。

(二)保险业发展史

相比较银行业,长沙市乃至整个中国的证券业和保险业整体起步较晚。1978年党的十一届三中全会召开,保险业才重新引起重视。1979—1985年是长沙市保险业的恢复性增长期,这期间成立了湖南省保险公司及长沙分公司,湖南省保险公司是一级核算单位,属总公司和省人民银行双重领导,业务受总公司管理。这一时期,保险业务得到迅速发展,据统计,1980—1985年省保险公司共收取保费28200万元,以年均39.20%的幅度增加。

1986—1994年,长沙市保险业发展相对稳定。1988年长沙市人寿保险公司成立,推运了湖南寿保业务快速发展,以养老保险业务发展最快。1988年,人寿保险业务收入达到27928万元,至1995年达到51202万元,增长了83.34%。

1995—2000年,长沙市保险业进入改革阶段。1995年《中华人民共和国保险法》颁布,明确规定保险公司的分业经营,这促使了保险的改革。经国务院和人民银行批准,中国人民保险公司改组为中国人民保险(集团)公司,下设财产保险、人寿险保、再保险三个专业子公司。与此相适应,中保财产湖南长沙公司和中保人寿湖南长沙公司成立。

2001年发展至今,长沙市保险业迎来外资保险业挑战和向外扩张阶段。2001年,中国加入世界贸易组织(WTO),承诺在3年内取消保险业的地域限制,5年内允许设立保险经纪公司。因此,外资保险业势不可挡,为迎接挑战,2002年底开始湖南长沙保险公司纷纷改制,成立保险业股份制公司。中国人寿和中国人保通过改制,在中国香港、美国上市，这给长沙市保险业对外扩张提供了新平台。

（三）证券业发展史

我国证券业整体发展较晚，上海市的证券交易，发端于1882年（光绪八年）成立的“上海平准股票公司”。该公司为华商所组织，能够议决股票市价，每日将议决结果写在水牌上公布，并送《申报》刊登。证券业在新中国成立后一度停业，现在的深证交易所成立于1989年，1991年7月正式营业，上海证券交易所1990年11月正式营业。

（四）长沙市红色金融史

1928年7月，彭德怀、滕代远、黄公略领导平江起义，占领平江县城，组建了中国工农红军第五军，开启创建湘鄂赣革命根据地的序幕。在湘鄂赣地区，湖南平江、浏阳一带与省会长沙接近，民国时期是较为富庶之地。但随着帝国主义经济侵略的链条逐渐从通商口岸延伸到内地，挤压整个中国民族工业体系的生存空间，加上繁重的苛捐杂税，湘鄂赣地域上一般的中小工商业几乎濒临破产。早期的金融市场也在经历一次次残酷的洗劫。国民党军阀敛钱打仗滥发地方公债和不兑现的纸票，当地民间、地方商号杂滥发行花票，物价上涨、货币贬值牟取暴利，群众称此为“化水”。湘鄂赣革命根据地的开辟给了苦难深重的工农群众新的希望。随着根据地的创建和苏维埃政权的建立与统一，新成立的苏维埃政府十分重视经济工作的开展，提出开源、节流和通融三种办法。金融方面，短短二到三年时间，成立20多个苏区银行。

平江起义后，浏阳市人民在中共浏阳县委领导下和红二纵队的支援下，1930年4月占领浏阳市。1931年1月，“成立浏阳县工农兵银行”布告正式颁布，银行发行货币的准备资金以全县累进税作抵押，发行的各种票币，随时兑换现金，赤色区域一律流通。工农兵银行承担“活泼金融，振兴实业，实行低利借贷，办理储蓄事业”的重要任务。

浏阳县工农兵银行成立后，何声教、黄文等人先后担任行长。成立当年即发行了壹角、贰角、叁角银元券纸币，纸币背面印有《浏阳县苏维埃政府布告》，盖“浏阳县苏维埃政府印”红方章。

第二节　地缘优势不突出

一、地理位置分析

湖南长沙市地处中国的中部，湘江下游和长浏盆地西缘。东邻江西省宜春、萍乡两市，南接株洲、湘潭两市，西连娄底、益阳两市，北抵岳阳、益阳两市。东西长约 230 公里，南北宽约 88 公里。总面积 1.18 万平方公里，其中城区面积 2185 平方公里。无海无船、山高路远，是典型的“三不靠”区域。长沙的工业基因，在很长一段时间，并没有在近现代化中得到优先培育。

与相邻的武汉市相比，在地理位置和行政级别上没有优势。武汉市的交通比长沙市来说，位置非常好，自古有长江航运，是中国内陆唯一可以直接连通四大洲的城市。而长沙市的湘江航运，具有一定的优势，但逊色于武汉市。在地理地势方面，长沙市稍微落后于武汉市。武汉市主要是平坦的平原，长沙市周边以丘陵山地为主，开发起来相对困难。作为两湖省会城市，都是新一线城市，中部大城市。从经济实力来看，虽然长沙市近几年经济发展很快，但是武汉市经济实力更为雄厚。从政治角度看，武汉市是副省会城市，政治地位高于长沙。

二、区位交通分析

作为中部六省会之一的长沙市，在普铁时代因为株洲分流而“弱势”，交通处于劣势。在 2005 年前后，国家才有了“中部崛起”战略，作为中国版图的脊梁位置，中部六省从“坍塌”走向“崛起”过程中，找到了自己的后发优势。在 2015 年 4 月，国务院批复实施《长江中游城市群发展规划》，长江中游城市群（简称“中三角”）正式成为国家战略层面的四大超级城市群之一，随即，在中部崛起战略下的大河西先导区，已获批成为第十二个国家级新区——“湘江新区”，作为中部唯一国家级战略新区，长沙市才真正拥有了力压中部同侪的“发展增速器”。

此时的长沙市，迎来了弯道赶超同侪的“时代风口”。改变了在普铁时代因为株洲分流而“弱势”，一直被武汉压一头局面。沪昆改走长沙与武广形成十字交叉，通过“八纵八横”路网，长沙之北可直达北京，之东可直达上海，之南可直达广深，之西可达昆明，实现了与武汉市的同等地位，而且通过厦渝线，还能直达厦门与成渝，整体的通达性已经超过武汉。

第三节　发展基础较薄弱

一、传统产业发展基础

第三产业服务业是长沙市待发展的强项，大力发展第三产业，要依靠工业制造业。湖南是传统的农业大省，经济水平相对落后，长沙市经济基础薄弱是不争的事实。

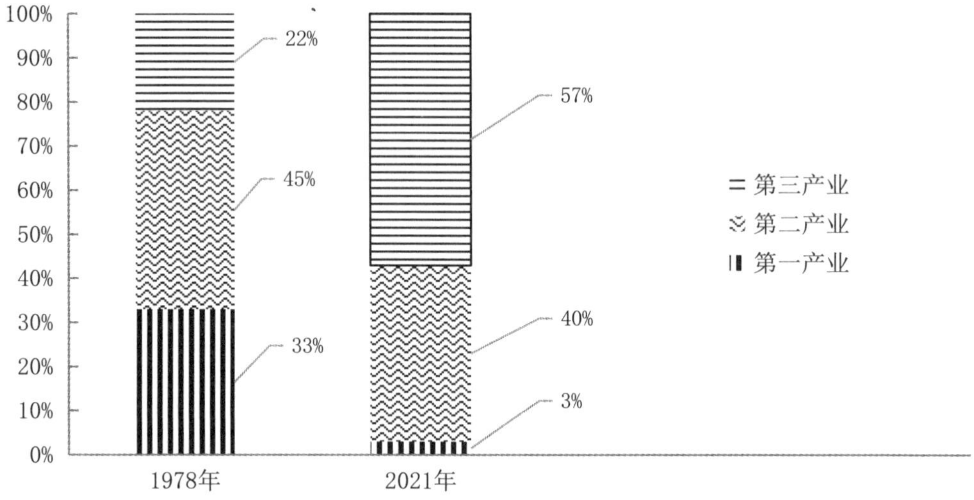

图 4-3-1　长沙市 1978 年与 2021 年三大产业结构对比[①]

改革开放以来，随着东部沿海开放，西部大开发，东北老工业基地振兴，中部相对处于“政策洼地”。2005 年左右，国家才有了“中部崛起”战略，长沙市才逐渐走出洼地。长沙市三大产业增加值占 GDP 比重从 1978 年的 33：45：22，到 1984 年的 28：44：28，第三产业比重首次超过第一产业，1978 至 2017 年，长沙市第一、二、三产业增加值年均实际增长分别为 5.0%、14.4% 和 14.4%，第一产业比重下降 29.7 个百分点，第二产业上升 3.2 个百分点，第三产业上升 26.5 个百分点，2021 年，三大产业占比为 3：40：57。由此可见，长沙市以服务业为主体的现代产业结构初步确立，三大产业结构实现了由“二、一、三”到“二、三、一”再到“三、二、一”的转变。

① 数据来源：湖南省统计局官网

到 2021 年，长沙市第二、三产业发展强劲，相得益彰。

二、现代金融业发展基础

（一）长沙市现代金融业与第三产业的发展

现代金融业依靠第三产业的发展而发展。2015 年，长沙市实现地区生产总值 8510.13 亿元，比上年增长 9.9%。其中第三产业实现增加值 3690.15 亿元，增长 12.1%，第一、二、三次产业分别拉动 GDP 增长 0.1%、5.0%、4.8%。到 2015 年前后，第三产业逐渐发展超过第一、二产业的比重，成为重要的产业，这比沿海城市的发展慢了一步，在中部六省中也不占优势。

以 2015 年为例，湖南省金融机构本外币存款余额 36220.6 亿元，在中部六省中位居第三，贷款余额 24221.9 亿元，在中部六省里名列第四，存贷款均处中间位次，与建设区域金融中心的要求显然不符，而与河南、湖北相比差距尤为明显。资本融资额方面，更是大幅落后，仅为安徽的 49.4%、山西的 64.6%，详见表 4-3-1。

表 4-3-1　中部六省金融业发展规模比较表　　单位：亿元[①]

省份	存款余额	贷款余额	资本融资额
湖南	36220.6	24221.9	1413.2
山西	28641.4	18574.8	2187.1
河南	47629.9	31432.6	1576.0
安徽	34482.9	25489.0	2861.0
湖北	41345.9	29514.6	413.7
江西	24785.1	18348.0	1496.0

① 资料来源：根据 2015 年中部六省《金融运行报告》整理

（二）长沙市的金融机构聚集度和层次较低

主要表现为金融机构体系中大部分是分支机构，全国性、区域性总部机构较少，外资金融机构数量有限。以 2015 年为例，湖南省除了 3 家地方银行外，没有一家全国性银行总部，法人证券公司仅有财富证券、湘财证券、方正证券等 3 家，法人期货公司仅有大有期货、德盛期货、金信期货等 3 家，法人保险公司仅有财信吉祥人寿 1 家。法人非银行金融机构数量中部六省不分伯仲，而在法人银行类金融机构数量方面，湖南在中部六省中处于第五位，除略高于安徽外，大幅低于邻省江西，详见下表 4–3–2。

表 4-3-2　中部六省金融机构数量比较表　（单位：家）[①]

省份	银行（家）	证券公司（家）	期货公司（家）	保险公司（家）
湖南省	3	3	3	1
山西省	7	2	3	1
河南省	5	1	2	1
安徽省	2	2	3	1
湖北省	4	2	2	3
江西省	13	2	1	1

（三）长沙市优质产业较少，实体产业机构不优

到 2018 年，长沙市已上市、挂牌的公司，均为商务服务业和批发零售业等传统产业，产业引导力不强，行政区域面积小，辖区内可供开发利用，特别是大项目建设的土地少，导致难以引进投资几十亿元、上百亿元的重大项目及其带来的现代服务业产业的支撑。除土地瓶颈外，长沙市也没有类似于区域股权交易中心、不良资产交易中心这种金融交易平台，没有凝聚和吸引金融机构的核心抓手，依然困境于普通的招商引资。如何突破土地束缚和行政边界获取实业产业聚集，培育和吸引高端金融产业

[①] 资料来源：根据 2015 年中部六省《金融运行报告》整理

落户，增强产业凝聚力，需要我们有全新的策略。

（四）长沙市金融品牌效应未建立，宣传发声不足

长沙市金融品牌未形成，近年来，除打造湘江新区金融品牌的宣传造势外，其他区金融中心的发声太小，缺少高端、系统的规划和导向，也没有接地气的推广和宣传。

金融服务业体量仍较微小。较之于传统核心商业区，芙蓉区的金融服务业集聚区体量相对较小，阻碍着集聚区的进一步发展。

金融服务业综合配套措施尚不完善。集聚区在基建改造、文化设施、商业居住等方面仍有大量工作亟待加强，集聚区内公共服务、政策引导、人才储备等软环境质量也亟待进一步改善，集聚区的“磁场”效应尚未形成。

三、未把握住发展先机

（一）长沙市工业制造业发展薄弱

现代金融服务业的发展与工业制造业发展紧密相依。长沙市的工业制造业发展薄弱，在我国的前几个五年计划里，长沙市没有什么可供圈点的工业，经济发展的基础一般。在 GDP 比较接近的几个城市如昆明市、西安市、长春市、郑州市中，长沙市的工业对 GDP 的贡献率一度最低。

1. 制造业研发投入少、创新能力不强

国际竞争力战略权威波特教授把经济发展阶段划分为生产要素驱动阶段、投资驱动阶段、创新导向阶段和财富驱动阶段等四个递进阶段。长期以来，我国依靠质优价廉的劳动力、土地、商务成本，以及大规模的投资和出口需求，推动了制造业长达 30 年的高速增长。经济制造业增长中资本的边际效益已在明显持续下降，科技进步、劳动力素质等创新因素对经济增长的作用凸现，这表明制造业的发展不能再走那种依靠规模扩张推动经济增长的老路。打造“具有核心竞争力的科技创新高地”，长沙市要加大研发投入，提高制造业的科技创新能力。

2. 制造业布局分散，制造业经济效应圈没有形成

目前，发达国家和地区的制造业主要以都市经济圈、中心城市、高水平的开发区作为参与国际竞争载体。长沙市制造业的分布还是以中心镇、县域经济和工业园区为主，都市经济圈培育才刚刚起步，中心城市功能薄弱，在以集聚科技人才、企业家、高科技产业、资本等高级生产要素为实质的城市竞争中处于不利地位。

（二）长沙市生产性服务业发展未把握机遇

目前发达国家生产性服务业产值占GDP比重为50%左右，占服务业比重为70%的左右。在我国北京、上海等中心城市，生产性服务业产值占GDP比重也已经接近50%。其他地区都大大低于发达国家相应的比重水平。不仅如此，传统的生产性服务业比重较高，长沙的现代性生产服务业的优势不够明显。生产性服务业成为产业结构中的一条短腿。

生产性服务业的发展有赖于制造业发展中研发设计服务、物流服务、营销服务、培训服务、软件与信息服务、金融与保险服务、财务与法律服务等生产性服务需求的拉动，而生产性服务的需求状况又取决于制造业链条各个环节的分离、分工与专业化的程度。长沙制造业企业组织形式上以中小型民营企业为主，规模小、利润低，在技术上以模仿型的创新为主，在经济增长方式上以粗放型的规模扩张为主，这些特点决定了大多数制造业企业缺乏技术创新能力和自主知识产权，因而对现代生产性服务的需求显得不足。由于多种原因导致制造业企业的服务外包程度不高，服务外包费用偏高，由于缺乏服务信用保证等因素制约，本应通过外包方式完成的服务活动往往由制造业企业内部来消化完成，这就限制了生产性服务业市场需求的拓展。

（三）长沙市现代金融服务业发展未抢占先机

现代金融服务业与工业制造业、生产性服务业发展紧密相关，现代金融服务业是随着工业、生产性服务业的发展而发展的。截至2020年末，湖南省制造业贷款余额3968.68亿元，比年初增加581.60亿元，同比多增148.90亿元，增速17.2%，较上年同期、全国平均分别高2.6、4.9个百分点；中长期贷款占比39%，同比提升7.5个百分点，信用贷款占比达到28.4%；首台（套）保险为123台（套）重大技术装备提供

质量和责任综合保险保障 48.57 亿元，申请国家财政补贴 1.32 亿元。放在全国范围，近两年制造业贷款累计增长了 34.3%，居全国第 5 位、中部第 2 位。但湖南制造金融发展还有一些不足，如制造业贷款余额仅占各项贷款的 8.0%，生产性服务业贷款余额占各项贷款的 10.0%，在全国排名靠后，科技保险、保证保险发展还偏缓。

1. 先进制造业和现代服务业未深度融合

从产值规模看，2018—2020 年，长沙市的工程机械、食品及农产品加工、汽车制造三大产业链处于龙头地位。三大产业链产值均超过 1000 亿元，发展基础好，产业较完备，是长沙市先进制造业的骨干产业链。但也存在统筹协调力度弱、牵头园区占比低、部分产业规模小等问题。从这三大龙头产业链来看，未与现代服务业未深度融合，在产业发展方面没能突出高质量“聚集”，没有加快推进创新研发平台、成果转化平台、公共服务平台等产业平台，要推动长沙先进制造业和现代服务业深度融合，促进研发、咨询、金融服务、物流等处于制造业产业链上游和下游的现代服务业繁荣发展、做大做强，实现制造业中间投入成本有效降低、制造业产品附加值大幅增加，从而提升工业制造业在全球产业链、创新链、价值链中的地位。

要营造良好市场环境。良好市场环境是推动先进制造业和现代服务业深度融合的重要支撑。一是优化市场法治环境。通过深化“放管服”改革加强法治政府、诚信政府建设，废除市场监管、行政许可中有碍公平竞争的法规和补贴，清除行政性垄断和区域壁垒，让更多制造业企业有机会进入生产性服务领域，营造有利于激发企业家精神、保障企业家守法创新的法治环境。二是优化公平竞争市场环境。持续深化供给侧结构性改革，强化市场在资源配置中的决定性作用，提高制造业资源配置效率，促进优质生产要素流向先进制造业和现代服务业，推动二者深度融合。三是优化创新生态环境。着力营造尊重知识的创新生态环境，加快研发、金融等现代服务业发展，探索新技术、新业态、新模式与传统制造业和服务业融合发展，改善创新合作环境。

2. 完善市场机制，实现现代金融服务业的快速发展

长沙市应通过改革完善市场机制，形成平等、规范的市场准入和退出机制，加强功能性政策供给和事中事后管理服务机制建设，加快制造业和服务业领域特别是金融服务领域的开放，提高国际技术合作水平和吸引外商投资落地的能力。通过改革完善

竞争机制，以公平竞争促进供给侧结构性改革，引导资本、技术等要素向先进制造业和现代金融服务业流动，从而推动传统制造业加快转型升级、现代服务业分工体系加速形成、供给体系质量和效率大幅提高。通过改革完善区域合作机制，发挥大城市在人才、资本、创新资源集聚等方面的优势，促进以都市圈为核心的先进制造业集群和现代金融服务业集群融合发展并形成规模效应和辐射效应，形成先进制造业和现代服务业协同集聚的合理空间布局。通过改革完善协同创新机制，搭建国际性、区域性、行业性的开放、协同、共建、共享的创新平台，形成以企业需求为核心的产学研协同创新格局，促进新技术、新业态、新模式、新产业不断涌现。

3. 完善产业生态系统，促进现代金融服务业的快速发展

产业生态系统主要包括生产生态、服务生态、创新生态三个方面。推动先进制造业和现代金融服务业深度融合必须完善产业生态系统。一是加强生产生态建设。主要依托工业物联网、大数据、人工智能等新一代信息技术推动制造业和服务业升级，促进制造业与生产性服务业深度融合。同时，以新技术、新业态、新模式改造传统制造业和服务业，提高金融服务业与制造业的匹配程度，加快形成服务型制造体系。二是加强服务生态建设。支持研发设计、知识产权、创业孵化、科技金融、营销等现代服务业发展，培育覆盖全周期、全要素的高新技术服务产业链，鼓励龙头企业建立服务平台，促进先进制造业和现代服务业融合发展。三是加强创新生态建设。推动技术创新与产业融合互促共进，大力发展创新联盟、技术中介等新型创新组织，强化创新型龙头企业的引领作用，促进企业间紧密互动联合，推动形成企业主导、产学研用一体发展的创新体系。

第四节　2020 年以来新冠肺炎疫情影响

2020 年 2 月份以来，新冠肺炎疫情对金融市场产生了巨大冲击，债券收益率、石油和股票价格暴跌，资本市场都在寻求避险。面对新冠肺炎疫情，国家经济受到很大影响，金融业也不可幸免。但是随着国家层面逐渐出台的财政金融支持政策，长沙市金融业对整个长沙市的经济状况起到了“稳定器”的作用。

一、新冠肺炎疫情对长沙市各行业的冲击

（一）中小企业面临生死存亡的边缘，影响金融机构风险和资产质量

中小企业受疫情影响停工停产，导致短期偿债能力下降，餐饮、交通、百货等零售业，以及养殖、种植农业受损严重。据统计数据，2020 年我国企业营业收入大幅下降，八成的企业维持不了 3 个月的生存。

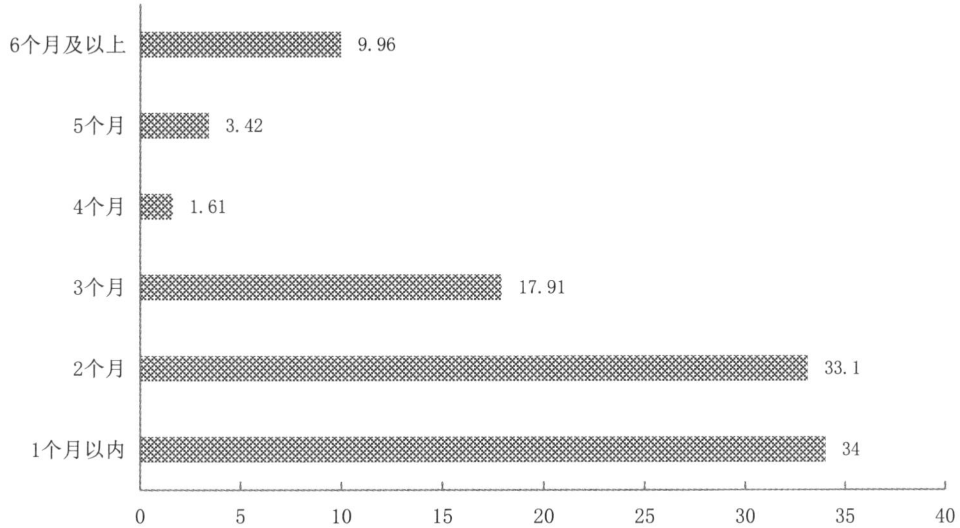

图 4-4-1　2020 年企业营业现金维持时间图[①]

从金融机构的角度来看，这些中小企业客户大多是由中小银行服务的，因此城市

① 数据来源：《中欧商业评论》清华、北大联合调研 995 家中小企业

商业银行、农业商业银行和信用合作社以及互助金融机构受到的影响更大。

同时，行业短期风险分化，社会融资短期内可能下降。旅游、交通运输、制造业、房地产等相关产业受到较大冲击。由于疫情前景不明朗，物资运输和人员返乡创业条件较差，特别是民营企业和劳动关系相对宽松的小微企业，创业一般会明显推迟，这将影响他们的融资需求、意愿和预期。社会融资可能面临短期周期性下降的压力，需要抓住疫情后消费回升和政府稳定增长的投资机遇。

（二）线下金融场景受冲击，导致线上场景探索加速

目前许多银行正在向零售业转型，消费金融是其中一个突破性的重点。但从短期来看，当前疫情普遍降低了居民日常食品、住房、银行等消费需求；同时，消费品由于物流中断供应不足。

二、新冠肺炎疫情下长沙市金融业积极应对措施

2020年2月8日，中国人民银行长沙中心支行、湖南省财政厅、湖南省地方金融监管局、中国银保监会湖南监管局、中国证监会湖南监管局、国家外汇管理局湖南省分局联合出台相关文件，从加大信贷投放、降低融资成本、优化金融服务等八个方面支持新冠肺炎疫情防控和企业复工复产。

（一）加大信贷投放

首先，加大银行机构对中小微企业的信贷支持，确保新增贷款不低于上年同期。对受新冠肺炎疫情影响较大的批发零售、住宿餐饮、物流运输、文化旅游等行业，以及有发展前景但暂时受困的企业，不得盲目抽贷、断贷、压贷。对受疫情影响严重的企业到期还款困难的，可展期或续贷。其次，安排专项再贷款50亿元，支持长沙银行、华融湘江银行、长沙农商银行等3家地方法人机构向省级重点医用物品和生活物资名单企业提供优惠利率贷款。最后，推动开发性、政策性银行和国有商业银行等9家全国性银行在湘机构积极向上争取专项再贷款额度，主动对接湖南省纳入全国性重点医用物品和生活物资名单企业的信贷需求，加大支持力度。

（二）降低融资成本

长沙市各大银行机构通过适当下调贷款利率、减免其他费用成本等方式，进一步降低企业综合融资成本。对受新冠肺炎疫情影响较大的小微企业新发放贷款利率原则上不高于本行同期全部小微企业贷款的加权平均利率，普惠型小微企业贷款综合融资成本要较上年降低 0.5 个百分点。

同时，湖南省财政对单个小微企业贷款本金损失补偿比例由 50% 提高到 60%，最高补偿金额由 100 万元提高到 110 万元。对列入专项再贷款和财政贴息名单的重点企业，各银行贷款利率上限为最近公布的 1 年期 LPR 减 100 个基点，由中央财政按 50% 给予贴息。

（三）优化金融服务

促进长沙市各银行机构加大线上服务力度，通过线上服务等方式为企业提供贷款审批、资金结算等服务，特事特办，急事急办，快速响应。例如，通过专项再贷款发放的优惠利率贷款原则上不超过 24 小时，最长不超过 48 小时。开通绿色通道，对因防疫急需开户而手续不全的企业，银行等机构可向当地人民银行备案后先开立后补报、先开立后核准。因防疫开立的非企业类单位结算账户，力争账户开立之日即可办理付款业务。持续深入开展“百行进万企”专项行动，快速了解企业受新冠肺炎疫情影响情况及金融需求，精准对接。

对于长沙市受新冠肺炎疫情影响的出险客户优先办理保险理赔，做到应赔尽赔快赔。保险机构要积极推广为新冠肺炎疫情防控提供各类保险保障的产品，可在重疾险等健康保险产品中扩展承保新型冠状病毒感染肺炎责任，有效提供保险供给。

（四）实行审慎宽容监管

特殊时期，对因感染新冠肺炎住院治疗或隔离人员、疫情防控需要隔离观察人员和参加疫情防控工作人员，因疫情影响未能及时还款的，相关逾期贷款可不作为逾期记录。对上述三类人员以及受疫情影响暂时失去收入来源的人群，灵活调整住房按揭、信用卡等个人信贷还款安排，合理延后还款期限。感染新冠肺炎的个人创业担保贷款可展期一年，继续享受财政贴息支持。对受新冠肺炎疫情影响暂时失去收入来源的个人和企业，可依调整后的还款安排，向征信系统报送相关信用记录。

（五）发挥政府性融资担保体系作用

湖南省各级政府性融资担保机构要通过取消反担保要求、降低担保费率等措施，为受新冠肺炎疫情影响较大的小微企业提供担保支持，同级财政视降费减收情况给予适当补助。湖南省融资担保集团对纳入再担保体系的政府性融资担保机构收取的再担保费减少50%。对确无还款能力的小微企业，各级政府性融资担保机构应及时代偿，视新冠肺炎疫情影响情况适当延长追偿时限，符合条件的按规定及时核销代偿损失。

（六）拓宽企业直接融资渠道

鼓励和支持企业通过发行公司信用债、资产支持证券等尽快募集资金复工复产。建立新冠肺炎疫情防控重点上市后备企业名录，对相关企业在辅导备案、验收等方面给予优先安排，支持符合条件的企业尽快通过首次公开发行股票上市融资。

新冠肺炎疫情防控期间，证券机构对防疫物资重点生产企业上市和发债降低中介服务费的，湖南省财政优先纳入融资创新奖励范围。对拟在沪深证券交易所上市、“新三板”挂牌的防疫物资重点生产企业，湖南省财政优先给予直接融资补助。对发行中小企业集合债、私募债、私募可转债的防疫物资重点生产企业，湖南省财政优先给予利息补助。新冠防疫物资重点生产企业到湖南股权交易所挂牌的，免收挂牌费。

（七）建立重点项目和重点企业名单库

中国人民银行长沙中心支行配合政府有关部门对全省复工复产的重大建设项目、重点工业企业、重点医用物品和生活物资企业等建立重点名单库，及时向银行机构发布，督促银行通过融资对接会、线上平台等方式，掌握相关融资需求，主动对接，全力做好融资服务保障。

（八）改善外汇管理和跨境人民币服务

简化新冠肺炎疫情防控相关物资进口、捐赠等进口付汇流程和材料。对境内外因支援新冠肺炎疫情汇入的外汇捐赠资金，暂停实施需开立捐赠外汇账户的要求，可直接通过受赠单位已有的经常项目外汇结算账户办理。与新冠肺炎疫情防控有关的其他特殊外汇及人民币跨境业务，银行可先办理、后检查，并向所在地外汇局、人民银行报备。

涉外企业办理与新冠肺炎疫情防控相关的资本项目收入结汇支付时，无须事前、逐笔提交单证材料，由银行事后检查。对新冠肺炎疫情防控所需的外债登记业务，可取消企业借用外债额度，并可进行线上申请。

三、新冠肺炎疫情下的长沙市金融业发展状况

2020 年以来长沙市对金融业采取了助力“六稳”“六保”工作，全市金融业呈现高质量发展，推动经济持续向好。

（一）金融业增加值占比稳步提升

2020 年，长沙市金融实力持续提升，主要指标增长较快，全年实现金融业增加值 920.32 亿元，比上年增长 8.6%，高于长沙市 GDP 增速 4.6 个百分点，金融业对长沙市经济增长的贡献率为 13.0%，占长沙市 GDP 的比重达 7.6%，比上年提升 0.4 个百分点。

（二）金融业税收占比突破 10%

2020 年，长沙市金融业实现税收 219.80 亿元，比上年增长 29.4%，占长沙市税收收入的比重达 10.9%，比上年提升 2.3 个百分点，为“六稳”“六保”形势下财政资金的筹集贡献了金融力量。分项看，资本市场服务、货币金融服务、其他金融业全年纳税分别比上年增加 30.30 亿元、12.10 亿元和 9.20 亿元。

（三）新增贷款创历史新高

2020 年末，长沙市金融机构各项贷款余额 24261.26 亿元，比上年增长 14.2%，年度新增贷款突破 3000 亿元，为保市场主体、稳经济基本盘提供了强有力支撑。重点领域融资支持力度加大，信贷结构持续优化。制造业贷款数据亮眼，年末制造业中长期贷款余额 975 亿元，比上年增长 54.6%，新增贷款主要集中在先进设备制造业

等领域。中小微企业贷款可获得性提升，年末余额达 9741 亿元，比上年增长 20.1%。房地产贷款余额增速连续 15 个月放缓，年末增速降至 9.2%，低于上年同期 2.1 个百分点。软件和信息服务业贷款比上年大幅增加，年末余额达 124 亿元，比上年增长 38.8%，助力“软件业再出发”战略深入推进。

（四）存款保持较快增长

2020 年末，长沙市金融机构各项存款余额 2.33 万亿元，比年初增加 2268 亿元，比上年增长 10.8%。受新冠肺炎疫情期间宽货币、宽信用政策影响，5 月末全市金融机构存款余额增速达到 17.0%，随着经济企稳回升，信贷派生存款下降，消费及生产投资需求上升，叠加监管部门压降结构性存款等因素，存款增速在下半年有所回落，趋于常态。

（五）直接融资规模再上新台阶

长沙市 2020 年新增直接融资达 2143.71 亿元，比上年增长 201%。其中，股权融资 289.42 亿元，比上年多增 239.29 亿元；债权融资 1854.29 亿元，比上年多增 1191.74 亿元，大力帮助实体经济实现资金融通。特别是债权市场融资发行节奏加快、力度加大，通过支持交通基础设施、民生服务等重大基础设施项目建设，有效对冲新冠肺炎疫情影响下经济下行的压力。

（六）证券成交量突破 6 万亿元

2020 年，长沙市证券交易成交量累计达 60248 亿元，比上年增长 56.9%，成交量占全省的 57.4%。

（七）企业上市领跑中部

2020 年，长沙市新增上市公司 9 家，年末 A 股上市公司达 70 家，位居中部省会第 1、全国省会城市第 5，长沙市 A 股上市公司总市值 1.35 万亿元，居中部省会第 1，爱尔眼科、蓝思科技、芒果超媒已成为千亿级龙头企业。

（八）保险行业保持稳步上升态势

2020 年，长沙市原保费收入 523.66 亿元，比上年增长 11.2%。随着新冠肺炎疫情影响消退，企业加速复工复产，保险公司线下展业持续恢复，有效发挥了防风险、保生产和促发展的社会治理功能。分项看，新冠肺炎疫情影响下国民保障需求及意识增强，健康险、责任险收入分别比上年增长 94% 和 53%。

（九）地方小型金融机构稳健发展

2020 年，长沙市共筹建、新设及增资融资担保公司、小贷公司和典当行共 10 家。115 家地方小型金融机构为各类市场主体提供担保及融资 363 亿元。分类看，融资担保公司在保余额比上年增长 33.6%，政府出资控股融资担保公司为企业复工复产减费让利 2679 万元，小微企业综合担保费率下降近 1 个百分点。

第五章
长沙市金融业发展对策与建议

长沙市金融业目前已基本形成了多元化金融体系和良好的金融产业空间布局，但同时也存在着金融业整体规模偏小、金融中心综合竞争力不强、金融业内部发展不均衡、金融科技人才短缺等多种问题。因此，长沙市金融业要想获得长足持续性的发展，为长沙市国民经济贡献更大的力量，还需要保优势、补短板，构建新格局，政府部门主动作为，金融机构明确职责，各类院校积极参与，从政策、环境、人才等多方面因素着手，为长沙市和整个湖南省“三高四新”战略的全面实施注入更多金融活水。

第一节　发展对策

一、保持现有优势和特色，明确发展方向

从前文分析来看，长沙市金融业目前已基本形成了多元化金融体系，围绕“一区一带”“一江两岸”金融产业空间布局，集聚了银行、证券、期货、保险、保险经纪、第三方支付、消费金融、基金、商业保理、资产管理等多种金融业态。

金融产业增加值、对经济增长贡献率、税收占比三向提升，未来，长沙市金融业还需要持续保持现有优势，进一步明确发展方向。

（一）明确长沙市金融中心的发展定位

1. 以建设区域性金融中心为引领

建设区域性金融中心建设对经济、社会发展具有巨大推动作用，长沙市各级部门要切实将金融工作放到经济社会发展全局中统筹考虑；加强各级领导干部金融知识学习，提高运用金融驾驭地方经济发展的能力；要加大对金融工作的宣传，增强群众金融意识，引导全社会更好地关注金融、扶持金融，在全市形成建设区域性金融中心的强大合力。

由于长沙市在支撑金融科技发展的大数据、云计算、人工智能、移动互联网底层技术方面存在一定优势，也在金融科技细分领域的产业链。例如，数字人民币、和包支付产业园等第三方移动支付产业链存在一定优势，在建设区域金融中心的基础上，还可以进一步定位“科技普惠金融”中心。

2. 加大金融机构引进力度

头部金融机构入驻的数量充分反映了一个区域金融业的发展层次，长沙市还需要围绕提升金融业整体水平，重点引进金融业法人机构和区域管辖机构，增强辐射带动功能。及时掌握国内外金融机构发展的年度计划、区域分布意向和金融监管部门的政

策导向，每年确定一部分金融机构作为重点引进对象，增强针对性、主动性和成功率。根据长沙市经济和社会发展的要求，加大对金融机构的引进力度，特别是加强与欧美金融机构的联系，吸引和支持其金融机构在长沙市设立营销总部、地区总部、票据中心、研发中心和人才培训基地等，增强金融业的活力。同时，加大对已有金融机构扶持力度，积极争取金融监管部门和金融机构总部的支持，将已具有发展规模和潜力的金融分支机构发展为区域管辖机构。

3. 积极培育地方法人金融机构

支持长沙银行、财信证券、财信吉祥人寿等地方金融机构做大做强，积极创造条件争取组建地方金融机构，引导推动有实力的大企业进入资本市场，参股、控股或出资组建地方金融机构。鼓励大企业集团在达到条件的前提下申请设立财务公司。根据长沙市经济和社会发展对金融服务多样化的需求，引进或筹建金融租赁公司、基金管理公司等非银行金融机构。引导规范民间投融资，鼓励民间资本发起设立信贷担保机构，做大做强担保、典当等行业。

4. 促进金融业各行业的全面发展

随着金融理念的更新和资本市场的发展，传统银行信贷业务已经退让为整个金融体系中比较稳健的一部分，更多灵活高效、充满创造力的金融企业和金融产品在经济生活中发挥着越来越重要的作用，未来，长沙市要成为“金融强市”，而不是“银行强市”，在寻求银行信贷支持的同时，应将眼光更多的投放到股票上市、债券融资、风险投资等新兴融资形式上来，用多元化的视角来看待金融业的发展。大力发展为金融业提供服务的证券资信评估、投资咨询、资产评估、会计、审计、律师、保险代理、公估、经纪等中介服务组织。要打造区域性金融中心，就要研究和制定金融各业改革和发展的模式和路径，以利于保险业、证券业和其他金融业的成长和壮大，实现银行业、保险业、证券业和其他金融业的全面发展。

（二）明确经济“双循环”战略背景下的发展格局

以国内大循环为主体、国内国际双循环相互促进的经济“双循环”发展战略，将是我国“十四五”期间的重要指导方向，也是未来一段时期全国经济工作和金融改革发展的着眼点。长沙市未来将顺应国家发展趋势，扩大内需，引导消费升级、培育新的消费模式，推动金融产业升级，为金融业服务“双循环”战略提前布局。

1. 坚持金融科技引领产业发展

通过金融科技引领，完善产业链、创新链融资体系，强化科技赋能金融业发展，加快银行、证券、保险各细分行业的数字化转型，加大对长沙乃至湖南的高端制造业、创新企业和引领性产业集群的支持力度。

2. 深入推进普惠金融服务

着力提升绿色金融、小微企业数字普惠金融等金融服务能力，通过金融支持民生发展和多村振兴，释放消费力，促进扩大内需。在提升普惠金融重点领域服务质效方面，有序引导银行等金融机构创新产品和服务模式，力图将金融服务覆盖更多长尾用户，提升金融服务的覆盖的力度和广度。

3. 优化金融改革开放布局

湖南“三高四新”战略中明确提出要打造内陆对外开发的高地，这与“双循环”经济发展战略不谋而合，结合国家重大发展战略，长沙市要进一步优化金融改革开放布局，包括推进区域金融改革试验区建设、发展数字经济、数字人民币试点等，形成与本地区经济结构、产业特点和居民需求相适应的金融服务体系，促进金融要素高效聚集、合理流动和金融市场融合发展。

4. 提高系统性风险防控

党的十九大报告指出，要健全金融监管体系，守住不发生系统性金融风险的底线，并将重点防控金融风险作为三大攻坚战之首，也是三年经济攻坚战的“重中之重”。推进治理体系和治理能力现代化，实现调控、监管、市场之间更友好的结合，有效防范系统性风险，实现金融与实体经济、金融与房地产、金融体系内部的良性循环，坚持“主动防范、系统应对、标本兼治、守住底线”的总体思路，区别短期、中期和长期的风险防控重点，加强风险管理能力建设，建立健全现代风险管理体系，有效防范化解各类可能出现的系统性风险。

二、重视问题与不足，补短板建设金融强市

从前文分析来看，长沙市金融业资产总规模、金融业增加值总量、本外币各项存款余额与成都、杭州、武汉等省会城市差距较大。本地保险业发展滞后，金融机构综合实力和辐射能力较弱，没有龙头企业引领和带动整个行业发展，行业内部发展、布局不均衡，新兴金融业态发展滞后，复合型创新型互联网金融人才供给不足。未来，长沙市还需要进一步重视金融业存在的问题与不足，扬长处、补短板，建设金融强市。

（一）通过保险科技驱动保险业发展

保险业作为金融行业三大支柱之一，其发展状况明显滞后于长沙市银行业和证券业的发展，再加上保险业的供给能力与改革需求之间还存在一定的差距，覆盖广度和深度不够、服务能力不足、速度与效益不平衡、增长与风险不平衡、供需结构不平衡等问题突出，成为制约长沙市金融业发展的较大短板。因此，要从以下两个方面来思考保险业的发展方向。全面加强保险供给侧的创新转型，一是创新产品、服务的供给。二是提高自身服务供给能力，同时大力发展保险科技，运用科技手段来加强风险控制，降低经营成本，在满足消费者个性化需求的同时保证自身的经济效益。

1. 加快转型创新，提高保险服务供给能力

第十三届陆家嘴论坛上，太保财险董事长顾越在“金融助力‘美好生活’”分论坛上分享观点，其表示，“美好生活”的基础是消除不确定性，防止风险的发生，保持安全、稳定、改善的生活预期。保险具有发现风险、转移风险，从而有效管理不确定性的金融属性。因此，助力“美好生活”，保险义不容辞。

保险供给侧改革，主要集中在两方面，一是创新产品、服务的供给，二是提高自身服务供给能力。随着我国经济社会发展与居民收入水平进入新的阶段，人们的个性化保障需求越来越多，保险公司要提高自身的服务供给能力，包括在客户全生命周期管理以及消费者权益保护等方面，根据需求的变化在供给侧进行改革创新，以更好地满足消费者的需求。具体改革措施可以参考以下三个步骤：第一，大力发展保险科技，运用科技手段来加强风险控制，降低经营成本，在满足消费者个性化需求的同时保证自身的经济效益。第二，保险公司需要紧跟社会经济的发展变化，深刻理解政府的政

策方向与要求，大力发展养老保险、健康保险、农业保险和责任保险等业务。第三，保险公司要适应行业自身的发展变化，加强风险管理服务能力，更多地为客户提供风险管理服务。

2. 服务和产品模式创新与监管同步

2021年中国银保监会工作会议，圈定保险业供给侧改革重点，包括规范发展第三支柱养老保险，巩固车险改革，持续深化意外险和健康险改革，推进保险资金运用市场化改革和保险营销体制转型变革。

从长沙市来看，保险机构数量不少，但是大机构很少，占整个市场比重不到20%；中小机构很多，结构不合理形成的二八现象对机构平衡性发展不利，也对保险产品和保险服务创新不利。保险供给侧改革,应当重点集中到产品的创新和发展问题。近年来包括百万医疗、网络互助、惠民保等爆款流量产品频出，反映出居民潜在保障缺口巨大；而与此相对的是以重疾为主的销售承压，体现出保险产品的供需矛盾，产品供给同质化明显、保障杠杆较低、低频接触且价格战虽趋缓但仍存在竞争，而保险的需求更多追求性价比。

一方面，要充分发挥保险科技和金融科技对保险产品的支持和保障作用，来做好保险产品结构性的调整，让保险产品在民生保障领域能够有很强的可得性和获得感，形成多元化的保险产品，量身定做的保险产品，使保险产品能够真正满足于当前科技高速发展的需要，做到和场景配合，和消费行为配合、和消费习惯配合，和财富管理需要相适应的产品结构。

另一方面，监管部门持续引导保险业发展，一边鼓励创新产品，一边防控风险，陆续发布的相关保险业务管理办法。首先要明确服务的边界，使之不能异化到保险之外；其次则需要有服务的规范与评价标准，提升消费者的信任度。从模式创新角度看，要避免出现监管漏洞与盲区，防止风险传递与累积。

（二）促进新兴金融业态发展

从前文研究来看，长沙市自身的信托业、融资租赁、消费金融等非主体金融业态实力单薄，而与杭州、武汉等省会城市相比较，新兴金融业态发展又势头不足，明显落后。因此，在互联网金融和金融科技的双重冲击下，有序发展非传统金融业态、新兴金融业态是对长沙市金融产业链进行补链的重要一环。

1. 探索“信托 + 融资租赁”的合作模式

目前，信托公司与融资租赁公司目前主流的合作模式主要包括以下四类：（1）融资租赁集合信托模式，即信托公司发行信托计划直接向融资租赁公司发放信托贷款的业务模式；（2）融资租赁资产收益权受让集合信托模式，即信托公司发行信托计划受让融资租赁公司存量的一个或多个融资租赁项目未来租金收入形成的融资租赁资产收益权；（3）Pre-ABS 模式，即信托公司为融资租赁公司提供资金支持、参与融资租赁资产形成、锁定后续 ABS 发行、以资产证券化募集的资金作为回款的一种业务模式；（4）融资租赁资产证券化模式，即以受让融资租赁资产收益权形成的集合信托受益权为基础资产进行公募或私募形式的资产证券化的业务模式。

未来，还可以在此基础上，积极探索加入了银行、基金、保险等金融机构的多主体复合信托模式。例如，由银行指定租赁公司，通过信托与银行的合作，借助银行的客户平台，发行租赁理财产品，将募集资金给信托公司，设立单一资金信托计划。

2. 在风险管控下有序发展新兴金融业态

中国人民银行副行长张涛曾经在陆家嘴金融论坛上提过，无论是传统金融还是其他一些新兴的金融业态，只要依法合规，立足服务实体经济，满足经济主体合理的融资需求，就应该得到认可和鼓励。随着第三方支付、P2P、众筹的轮流亮相，火爆市场，到 P2P 频频暴雷，最终退出，众筹风光不再，网络借贷成为主流，新兴金融业态在发展中不断经历各种洗牌和重塑。在这其中，始终不变的，就是风险管控。在风险管控的前提下，有序发展和创新，才是新兴金融业态的未来的成长模式。

第一，要精准培育新兴金融产业，例如，广州市海珠区 2020 年颁布了《海珠区促进新兴金融集聚发展的实施意见》，明确了发展新兴金融产业的思路，着力引导区内行业龙头、创新型企业开拓新兴金融领域相关市场，探索新金融服务模式，鼓励新兴金融产业载体建设，充分依托行业协会和领军企业的号召力，集聚股权投资、融资租赁、互联网金融等金融新业态，加快建设现代金融服务体系贡献力量。因此，长沙市可以效仿，首先明确新兴金融机构的定位，强调必须是经国家、省、市金融监管部门批准设立的，相关备案手续齐备，依法依规诚信经营，确保风险从源头上可控。其次鼓励新兴金融机构落户发展，设立新兴金融发展扶持资金，用以扶持新兴金融相关组织机构、人才的集聚发展以及金融产业载体建设发展。

第二，相关机构和部门创新监管手段，建立科学准入和退出机制，审查小微金融和准金融机构的注册资金、经营场所等硬性约束指标，以及主要股东资质和法人代表及机构风险控制能力和从业人员的素质等软性约束指标，经营不善的机构必须严格按照规则退出。建立规范、先进的统计制度及信息系统和地方小微金融信息中心，形成细化到长沙市各区的地方性小微金融信息系统，从而进一步完善金融监管体系。

三、构建新格局，提升金融业整体竞争力

（一）聚焦“三高四新”战略

深入贯彻落实习近平总书记考察湖南重要讲话精神，结合长沙自贸区及长株潭一体化发展需求，抓好金融领域改革重点工作，推动金融系统全力服务“双循环”新发展格局，积极推进数字人民币试点工作，加快复制推广全国通用类应用场景，打造一批具有“长沙特色、风险可控、可复制推广”的创新类应用场景，为经济社会数字化转型发展引入新动能。为长沙市当好实施“三高四新”战略领头雁、着力打造现代化新湖南示范区提供有力要素支撑。

第一，通过金融科技引领，完善产业链、创新链融资体系，加大对高端制造业、创新企业和引领性产业集群的支持力度。第二，着力提升绿色金融、小微企业数字普惠金融等金融服务能力，通过金融支持民生发展和乡村振兴，释放消费力，促进扩大内需。第三，推进治理体系和治理能力现代化，实现调控、监管、市场之间更友好的结合，有效防范系统性风险。第四，结合国家重大发展战略，优化金融改革开放布局，包括推进区域金融改革试验区建设、发展数字经济、数字人民币试点等，形成与本地区经济结构、产业特点和居民需求相适应的金融服务体系，促进金融要素高效聚集、合理流动和金融市场融合发展。

（二）完善金融要素市场发展

1. 持现有权益交易

支持湖南股权交易所充分发挥为长沙市企业挂牌、投融资、股权登记托管和金融资产交易四大服务功能。支持湖南金融资产交易中心做大做强，开展融资产品和服务方式创新。支持湖南知识产权交易所为知识产权交易提供交易场所和信息发布平台，为客户提供知识产权评估、培训、交易鉴证等相关咨询服务，进一步扩大知识产权交易市场的业务范围，积极探索高新技术企业产权交易和转让问题，规范股权交易模式。

2. 完善金融要素市场

探索与金融资产管理公司作开展不良资产处置，依法规范、发展、壮大长沙市技术和企业资产等产权交易，为企业搭建产权交易的公开拍卖、股权托管平台。探索设立票据交易所，定期发布票据市场价格、交易量和交易规则等信息和资料，开展区域票据市场电子化建设试点，办理电子商业汇票再贴现业务，打造现代化商业票据流通平台。探索设立长沙市交易场所登记结算有限公司，通过各国有控股交易场所为主发起设立组建，加强交易场所基础设施建设，规范运营、专业服务，成为各类交易场所合规经营的监管平台、中介服务平台和投资者教育平台。加强周边及国内产权等各类交易机构的沟通与合作，将长沙市高新区科技金融改革创新服务区建设成全国示范性知识产权交易基地。

（三）打造金融业开放发展新格局

1. 提升金融对外影响力

加快本土金融机构上市，打响长沙市地方金融旗舰品牌：鼓励金融机构间相互参股，提供“一站式”服务，扩大客户对象，降低经营风险：支持民营企业发起设立或参与组建民营银行、保险法人机构、典当公司、金融租赁公司、融资租公司、消费金融公司、金融资产管理公司、财务公司、交易场所登记结算公司等，实现地方金融机构全牌照。

2. 推动区域资源聚集

加强长沙市与中西部地区、泛珠三角、长江中游和“一带一路”等区域中心城市间金融交流合作，探索融入各中心城市金融合作机制，积极推动区域金融深入合作。鼓励本金融机构与周边省市同业间设立区域性发展联盟，实现信息共享业务合作，抱团发展。加快推进长株潭金融合作一体化。

3. 提高金融业对外开放水平

依托长沙市金融业联合会及各金融同业协会，构建区域金融业合作平台，研究推动中西部地区、泛珠三角地区、长江中游城市群和长沙市金融发展的全面合作，加强国际国内各区域的金融联动，提升长沙市金融业的国际化水平。

（四）大力建设湖南金融业中心

1. 加强规划引导

依托长沙市现代化大都市的总体发展空间构筑多层次、梯度化、互补型的功能空间布局，形成长株潭区域金融服务中心的空间支体系，加快推进湖南金融中心建设。

2. 实行错位发展

设立绿色金融发展研究院、绿色金融发展有限公司等金融业开放发展新平台，依托长沙国家高新技术开发区科技与金融结合的创新园，突出科技金融与绿色金融的发展特色，把湖南金融中心打造成为全国绿色金融试点示范园区鼓励各区县市因地制宜发展各具特色的金融：打造一批各具特色的金融街区、金融小镇、基金小镇，促进全业态特色金融开放发展。

3. 优化配套设施

建立金融功能区高效建设机制，从土地供应、规划指标、财政支持等方面引导长沙市的金融机构加快特色化集聚发展：鼓励各区县（市）及园区发起成立金融产业建设发展公司，加快各金融功能区交通停车设施、物业管理设施和生活服务设施等全方位配套基础设施建设，提升金融功能区高端楼宇质量和层次，打造适合现代金融业开放发展的高端孵化平台。

（五）实施金融人才发展战略

1. 完善扶持政策

加强国际国内金融人才的交流与合作，完善金融人才的公开招聘制度，吸引国内外金融人才来长沙发展。对符合条件的金融高端人才落实好按个人税收对地方贡献的一定比例给予奖励的政策并提供配套的落户、居住、子女教育等便利服务，切实解决金融高管人员的后顾之忧。是要提高金融从业人员素质。

2. 完善金融人才教育培训体系

积极培养复合型、创新型国际型、实战型等高级金融人引导、资助长沙市高校与金融机构合作建立金融人才培养基地，鼓励金融机构与驻长高校合作办学，创办金融产业学院制定金融人才评价标准和评价办法建立金融人才评价机制，分类制定培养和引进金融人才相关的扶持政策措施。支持长沙市高校金融院系、金融研究部门的专业建设、课题研究和学术交流。

3. 畅通人才培训交流机制

鼓励金融机构大力培养和引进长沙市金融业急需的熟悉国际金融市场、精通金融衍生工具和金融创新技术的高级管理人才。鼓励金融企业通过设立名誉董事、战略发展顾问、投资咨询顾问等方式建立与国外金融机构和知名国际金融专家的联系、沟通渠道，优化管理层的知识结构。建立长沙市人民政府、市直部门与金融监管部门和金融机构双向交流、挂职锻炼的常态化联系机制。

四、平衡金融膨胀与金融抑制，健全金融监管机制

随着社会主义市场经济体制改革的推进，整个中国的金融抑制环境明显改善，但从国际范围来看，金融抑制水平仍处于高位。因此，受到整个国家层面对金融管控的影响，平衡金融膨胀与金融抑制，合理有效的防范国际国内金融风险，首要任务就是健全金融监管机制。

（一）推动金融改革创新

1. 推动地方金融改革创新

大力实施金融创新战略，通过制度创新、技术创新、业务和产品创新、服务创新，增强长沙市的金融业发展优势。积极鼓励企业上市融资，发行企业债券，引进私募股权投资基金，努力扩大短期融券、中期票据、中小企业集合票据以及短期融资券等非金融企业债务，促进长沙市融资结构改善，确保社会融资总量保持较快增长。

2. 鼓励商业模式创新

鼓励长沙市金融机构发展“金融互联网”商业模式，实现线上线下有机结合，促进传统金融产品与服务转型升级。支持互联网企业依法合规设立互联网支付机构、网络借贷平台、股权众筹融资平台、网络金融产品销售平台，发展服务实体经济的互联网金融新业态。

3. 进一步规范民间资本

进一步规范长沙市民间资本进入金融领域，制定规范民间金融行为的法规，建立相应的登记、注册、备案制度，由专业监管机构监管。

（二）加强金融风险防范

1. 强化防范互联网金融风险

设立互联网业信用数据，设立面向互联网金融领域的征信机构或信用信息平台，探索建立互联网金融公共基础平台和数据共享交换平台，加强对互联网金融企业的日常监管和风险防范，健全客户资金第三方存管制度和信息披露、风险提示和合格投资者制，强化行业准入、教育培训、信息披露等方面的自律管理加快建立风险监测、预警、信息通报和应急处置机制，打击互联网金融领域违法犯罪行为。

2. 健全地方金融监管协调机制

设置金融改革发展领导小组，研究协调处理全市金融改革发展的重大问题。健全金融业综合统计制度，强化非现场监管信息系统建设，加快将各类金融市场主体纳入监测范围，支持金融监管部门依法履行监管职责，创新监管方式和方法，有效防范和化解金融风险，加强政府与金融监管部门、金融业务部门的信息交流和业务研讨，完善金融稳定信息共享机制，实现信息共享的规范化和常态化强化协作监管，严格把控高关联度、高复杂度的创新产品的市场准入，防范跨行业、跨市场的金融传染风险。

3. 加强金融风险的防范预警

建立金融风险预警指标和金融稳定监测指标体系，健全金融风险应急机制和防控预案，增强化解系统性风险和处理金融突发事件的能力。强化行业自律，充分发挥舆论监督和群众参与作用，以此促进地方金融规范健康发展。

第二节　具体建议

一、政府部门主动作为

从湖南省到长沙市，都从顶层规划、政策制定、政府引导层面显现了大力发展金融业的决心，近年来，通过《关于支持湖南金融中心发展的若干措施（试行）》《长沙市人民政府关于加快发展现代金融业的若干意见》《长沙市雨花区促进金融业发展扶植奖励办法》《开福区促进金融产业发展的奖励办法》《长沙市岳麓区促进现代服务业发展的若干政策（试行）》等政府文件，从省、市到区都对金融业的发展进行了政策面的大力支持。而长沙市的金融业的发展，首先需要从政府部门统筹规划、有序引导、促成各方合作共赢。

（一）强化政策支持和引导

1. 政策引导

金融业作为长沙市经济发展的引擎，首先需要营造良好的政策环境，使长沙市成为金融资本和机构流入的洼地。

首先，要以超前发展的眼光，立足国际化城市标准，提供、创造优惠条件，加快引进各种类型金融业机构，包括政策性银行、商业银行、保险公司和证券公司，同时积极争取外资银行来长沙市设立分支机构。探索发展金融控股公司，多途径增补发展新的金融机构种类，积极拓展、扩大业务范围，为全市转变经济增长发展方式，产业优化升级提供综合金融服务平台。引导本地金融机构积极开展“本土化”业务。

其次，要推动小型金融机构开展“特色化”服务，利用其“小”的特点，即低运营成本来提高运行效率，解决本地极具经济活力的“三农”和小微企业面临的资金不足难题，助力全市实体经济发展。应不断改革金融管理技术，着力提高金融业服务水平，提升服务质量，降低金融风险，增强金融安全，增加其对经济增长的贡献。

最后，要支持创业融资需求。运用财税政策，支持风险投资、创业投资、天使投资的发展，壮大创业投资规模。加快建立中小企业发展基金和创业投资引导基金，带动社会资本共同加大对企业创业创新的投入。支持创业担保贷款发展，充分发挥融资担保公司和小额贷款公司的作用。发挥多层次资本市场的作用，加快“新三板”市场建设，推动多渠道股权融资，探索和规范互联网金融发展。

2. 政策制定

出台全面促进金融产业发展的综合政策，明确加快发展银行业、证券业、保险业、本土法人金融机构、金融功能区、金融后台园区和投融资平台发展的各项措施，在金融机构引进和创设、金融创新、风险补偿、金融地产、金融人才引进培养、企业上市融资和再融资、股权投资、融资性担保等方面提供全方位、有特色、更优惠、好操作的政策支持，形成发展合力。

（二）构建良好的金融业发展环境

1. 优化金融生态环境

强化金融创安，清收不良贷款，进一步夯实金融生态环境；做好投融资中介机构的清理整顿，规范非融资性担保公司和投资管理公司的经营行为，以清理促发展，以规范促提高，防范和打击非法集资，确保不发生区域性和系统性金融风险。

2. 有效防范金融风险

在开展金融创新的同时，加强对同业业务和理财业务发展潜在风险的监测与防范。配合有关部门加强对地方政府性债务清理处理，着力防控债务风险。充分发挥我市金融监管协调机制作用，强化交叉性、跨市场金融产品的风险监测和监管协调，促进各类金融市场、各类金融工具的协调发展，建立健全金融综合统计体系和信息共享机制。引导和规范民间金融健康发展，发挥民间借贷对正规金融的补充作用。加强对担保公司、典当行等机构的监测和监管，维护良好的金融秩序。

3. 建立金融生态建设考核约束机制和信用制度

建立健全金融生态建设考核约束机制，加强信用制度建设，建立守信受益、失信受惩的正向激励机制和逆向惩戒机制；建立打击非法集资长效机制，切实防范金融风险；加强金融知识培训，强化金融意识，营造支持金融业发展的良好氛围。

4. 协调金融市场发展

一方面，要优化间接融资结构。支持引导银行业优化信贷结构，加大对战略性新兴产业、劳动密集产业、服务业改造升级以及绿色环保等领域的中长期信贷资金支持力度；改善和扩大个人信贷服务，支持城乡居民扩大消费和主动创新创业；鼓励银行业金融机构通过贷款重组、信贷资产证券化等方式盘活信资源；引导金融机构对产能过剩行业区分不同情况实施差别化政策。

另一方面，则要提高直接融资比例。优化企业债务和股本融资结构，提高直接融资特别是股权融资比重，建立健全拟上市后备企业资源库信息，并将优秀的上市后备企业推荐给相关的金融机构和中介服务机构，搭建直接融资对接平台，鼓励上市公司开展并购重组和再融资，推动上市企业与拟上市企业融合发展。

（三）健全现代金融体系

1. 引进国际国内金融机构入驻

长沙市各级政府要积极引进国际国内知名传统金融机构、金融控股集团、主权财富基金、私募股权投资机构来长沙市设立地区总部、分支机构、后援中心、专营机构和投资基金，加强与世界银行、亚洲开发银行、亚洲基础设施投资银行等国际金融组织的沟通，推进与京津、沪、渝等金融发达省市的金融交流合作，力争引导跨区域金融机构入驻长沙市。

2. 加快设立新型金融服务机构

一是支持发展新型地方性金融机构，鼓励地方法人金融机构设立金融资产管理公司。重点支持资产管理公司、地方法人财产保险公司、消费金融公司、金融租赁公司、融资租赁公司、民营银行等新型金融机构。二是大力发展政策性融资担保机构，增强对中小微企业的融资担保能力支持小额贷款公司创新发展，鼓励业内兼并重组长沙银行、长沙农商银行等要增强面向“三农”和小微企业的融资服务。三是扶持培育金融中介服务机构。大力引进培育会计、计、法律、资产评估、资信评级、证券咨询、保险经纪服务组织，鼓励发展商业保理机构，引进培育金融软件企业和金融服务外包产业，按照“政府引导、市场运作”的要求，大力推广建立市、区、县金融服务平台、金融超市，搭建投融资信息发布、金融产品推介、政策咨询财务顾问等公共金融信息服务平台。

3. 推进信用体系建设

第一，要健全信用体系。加快以政府政务信息系统、企业信息系统、个人信用信息系统为主要内容的信用体系建设步伐，建立和完善信用信息管理制度，推进信用评价体系建设，鼓励国内外信用评级机构到长沙市来设立分支机构、开展信用评级业务，对中小企业和科技企业设立专门的信用评级机构，开展专业评级业务，建立守信激励失信惩戒机制，全力构筑诚信体系。

第二，要建立信息联系机制。在发改委、工商、税收、公安、海关等政府机关、金融监管部门和各金融机构之间搭建渠道通畅、传递高效的金融信息网络，促进信息共享，构建和完善全市统一的企业和个人征信信息系统。加强诚信道德文化宣传教育，提高全民诚信意识，推进诚信文化建设。建立金融机构以及上市公司的高级管理人员执业信用档案及相关数据库建设，依法提供金融执业信用信息查询服务。

第三，要规范信用制度加快建立中小微企业信用评价服务体系，形成小金融信用信息和信用产品应用的制度性安排，形成比较完善的小微企业信用、个人信用体系，全面规范信用制度，提供良好的征信服务。四是要搭建金融信息服务平台。由市金融证券办建立长沙市金融信息公共平台，建立融资项目数据库，促进银企对接。建立金融生态监测评价系统，定期发布金融生态指数。

（四）强化金融为实体经济服务

1. 创新发展金融服务

第一，要完善农村金融服务体系。加强三农保险服务体系建设，引导农业银行、邮储银行、农商银行等金融机构增加涉农信贷投放，鼓励各类资本到农村设立金融机构，丰富金融产品，大力培育村镇银行、小额贷款公司、农业保险公司等新型农村金融机构，有效激活农村土地经营权、农村房屋、家禽家畜等农业生产要素流转，促进农业标准化生产和产业化经营。

第二，要促进发展“消费金融”。加快消费金融公司发展，促进消费金融公司规范运营，有效服务民众，拉动内需；建立民生领域贷款专业担保公司，将教育、医疗、农村基础设施、安居工程、社会福利、社会保障、助学等客户对象都纳入担保范围，对民生领域贷款实行免税和财政贴息制度并建立民生领域贷款风险补偿机制。

第三，要大力发展“普惠金融”制定和完善普惠金融地方性法规，在市场准入、业务监管、财税政策方面对普惠金融机构进行倾斜，支持银行与融资性担保公司合作，创新小微企业金融产品，建立风险分担机制推动金融机构网点和服务下沉，大力发展村镇银行，增加营业网点，对助农金融服务点进行提质扩面，发挥移动金融和支付服务等方面的基础优势，促进基础金融服务全面覆盖。鼓励绿色企业通过上市、股权转让、发行债券等方式融资。

2. 促进金融与产业深度融合

一方面要发展产业链金融，以核心企业为主，吸引有实力的成员单位及内、外资、小贷公司等民营投资者参加发起设立金融机构。围绕核心企业的产业链做文章，在服务核心企业的同时，解决产业链上下游融资难问题，促进产业链的共同发展。推动长沙市核心企业成为产融结合的基础平台。另一方面要规范和鼓励民间组织参与产融结合与创新。建立和完善创业投资引导机制，加快开展全市众筹众创工作。建设网络股权众筹平台，推动创新创业热潮。加快金融机构综合化经营的步伐，完善相应的监管机制，通过金融资本的手段为产业引入活水，以金融创新为突破口推进科技、制度的耦合支持实体经济发展，使长沙市实体经济焕发新生机和新活力。

3. 着力打造特色化融资渠道

首先，推进信贷产品创新，探索开展应收账款质押贷款、租金收入质押贷款、小额循环贷款、无抵押贷款，加大金融机构对中小微企业的信贷支持。建立无形资产评估交易服务平台，支持推广知识产权抵押货款、信贷债券发行、中小企业信用互助计划等金融产品、金融服务的创新，将长沙建设成为重要的科技金融产品、金融服务创新基地。

其次，依据国家及省级监管细则，完善两级融资担保体系，支持政府性融资担公司与优质民营融担公司错位发展；支持小额贷款公司依靠产业链、集团公司背景，实现特色化、专业化发展；支持自贸区地方小型金融机构先行先试、创新发展；加强行业政策研究，探索沙盒监管制度，引导地方小型金融机构为中小微企业和“三农”提供优质低费担保及融资服务。

（五）强化地方金融监管

1. 加速对新兴金融业态的立法

随着银保监会就小额贷款公司和互联网小贷等地方金融机构监管出台统一监管制度，中国最高人民法院《关于新民间借贷司法解释适用范围问题的批复》（法释〔2020〕27 号）认定小额贷款、融资担保、典当行等 7 类地方金融组织为金融机构。湖南省也已公布融资担保公司监管细则，融资租赁公司、典当公司、商业保理公司等监管制度也将发布。在国家和全省的有序监管下，长沙市还要加强地方金融立法，促进地方金融机构发展将进一步回归本源，部分空转、空头、脱离实体经济和违法经营的机构将加速出清。

2. 持续做好防范和处置非法集资工作

非法集资向来是金融风险的重点防控对象，随着国务院处置非法集资条例的草案出台，防范和处置非法集资进一步纳入法治轨道。2020 年 12 月 21 日召开的国务院常务会议，通过了《防范和处置非法集资条例（草案）》，明确了省级政府对本行政区域内防范和处置非法集资工作负总责，地方各级政府、行业主管部门、监管部门职责分工，规定了调查处置中强制措施，强化监管问责。同时，对非法集资的行政、刑事责任和资金清退、非法集资参与人应承担的后果等作了严格规定。因此，长沙市一方面应紧盯国家及省级处置非法集资条例政策推进动态，因地制宜抓好政策落实；另一方面则要强化全流程管控防范化解风险。坚持“打防结合，以防为主，以打促防”，持续抓好“四防”工作（全盘防、全链防、全域防、全民防），进一步强化统筹调度、信息研判、风险预警、源头防控、风险处置和宣传引导等方面的工作，有效遏制增量风险，加快化解存量风险，坚决守住不发生系统性区域性金融风险底线，维护社会大局稳定。

二、金融机构明确职责

2021 年 4 月，长沙市第十届金融服务节开幕式暨金融工作座谈会上，长沙市委书记吴桂英指出，当前长沙正处于重要战略机遇期。希望各在长金融机构深化与长沙的合作，在打造“三个高地”、建设区域金融中心、优化城市发展布局、防范化解金融风险等方面加大支持力度，为实施“三高四新”战略、推进高质量发展、建设现代化新长沙提供更大支撑。全市金融系统要抢抓发展机遇、正视短板弱项、挖掘潜力空间，着力做大金融总量、丰富金融业态、提升金融效益。

因此，金融机构应该加强合作，完善对长沙市本土企业“投、贷、债、保”联动机制，延长金融服务链。

（一）进一步发挥资本市场与金融机构作用

1. 抢抓资本市场政策机遇

加快转变长沙市各区融资结构，提升直接融资特别是股权融资比例，降低企业融资成本。随着新三板改革制度进一步落地，以及精选层类 IPO 的利好政策，新三板精选层企业有望成为长沙市企业上市的新增长点。

一方面，根据资本市场改革形势，抓住资本市场扩容、发行市场化等政策机遇，研究出台长沙市支持企业进入新三板精选层相关政策，推动企业在 A 股各板块及境外主要资本市场上市、新三板精选层融资及转板上市。

另一方面，大力发展专业机构投资者，壮大中长期投资力量，提高储蓄转化为投资的效率。随着国家多管齐下提升上市公司质量，2021 年“退市新规”正式出炉，资本市场基础制度建设日渐健全,全面注册制施行的基础逐步夯实。通过打通上市“入口”、畅通退市“出口”，资本市场资源配置效率将提升，有利于促进储蓄转化为资本，让广大投资者分享发展红利。科技创新、消费升级、新能源等领域优质企业将更受资金青睐，劣质企业将逐渐淘汰退市，市场分化趋势会更加明显。

2. 扩大融资渠道和规模

首先要优化融资结构，贯彻落实支持金融业发展的政策措施，积极鼓励企业上市融资，发行企业债券，引进私募股权投资基金，努力扩大短期融资券、中期票据、中小企业集合票据以及短期融资券等非金融企业债务，促进全市融资结构转型升级，确保全市社会融资总量保持较快增长。其次要提升直接融资规模，从前文分析可知，长沙市金融融资渠道单一，大部分融资需求都是通过银行贷款间接融资方式实现，直接融资比例较低，和广州相比，2016 年长沙直接融资占比为 32.3%，而广州高达 65.7%。银行贷款等间接融资形式不够灵活，且审批环节复杂，审批较为严格，不能完全满足长沙市经济发展对资金的需求。因此，必须增加直接融资的比例，加大金融市场的培育力度，完善金融体系，积极发展证券、票据、保险市场，增强融资灵活性和便利性。

3. 创新融资产品和服务

银行业作为我国金融业的主动脉，在服务民营企业融资方面扮演着重要角色，商业银行应该不断思索，设计和创新不同的融资产品来加大对民营企业的支持力度。例如：增加存货质押贷款、股权质押以及法人账户透支贷款等多种担保方式；增加信贷资产的种类，创新、拓展知识产权质押贷款等；开发民间借贷承接项目，对于有抵押物，但无力偿还高利息民间贷款的企业，提供接贷，但利息应比普通银行贷款利息高，但比民间贷款利息低，从而既减轻了民营企业的融资成本，又增加了银行的业务收入。

（二）推进债券、基金和保险市场发展

1. 鼓励债券发行

从前文分析可知，长沙市债券规模总量较小，发行种类和发行模式较单一，因此要不断创新债券发行模式，积极跟进债券的发行，力争通过债券提高融资金额。积极推动国有投资公司转型发展。支持上市公司发行公司债或可转换债券，优化上市公司资本结构。鼓励符合条件的企业发行企业债券和短期融资债券。鼓励金融机构采取投贷联动、保贷联动等方式创新金融产品和服务。支持银行业金融机构设立从事股权投资的全资子公司，与银行形成投贷利益共同体，建立融资风险与收益相匹配的机制，

开展“股权 + 银行贷款”“银行贷款 + 认股权证”等多种形式的股权与债券相结合的融资方式创新。

2. 鼓励基金创新

首先，充分发挥长沙市产业投资基金的引导和放大效应，发挥市场在资源配置中的决定性作用，促进投资机构和社会资本进入长沙市新兴产业领域，投入实体经济。其次，指导企业利用好新型融资工具，如私募基金、私募公司债、定向增发、资产证券化等。发展私募股权基金，创投风投基金等支持高新技术企业的发展。

3. 拓展保险市场

不断丰富保险产品，拓宽保险服务领域，扩大大病保险覆盖范围，完善大宗和特色农产品保险制度，引导加大保险资金对长沙市经济发展的支持力度。

（三）助力本土企业提高融资能力

1. 加大对企业的帮扶力度

针对当前中小企业普遍存在融资难的实际问题，强化银行和企业对接力度，切实提高银行和企业对接后的签约率和资金发放率；加大“一对一”帮扶力度，根据不同企业的实际情况，为企业打造个性化的融资方案。

2. 推进对企业的上市辅导

加大金融机构对拟上市企业培育力度，做好拟上市企业的业务指导，举办资本运作培训班，持续推进企业进入多层次资本市场。进一步扩大上市公司数量。引导已挂牌企业提高融资能力，引导已挂牌企业通过定向增资或兼并重组来扩大资产规模，实现多元化经营，提高企业市值，吸引投资者的关注和资金注入，提高融资能力。

3. 安全运作转贷应急周转资金

按照政府引导、市场化运作的原则，在严格把控风险、牢守安全底线的前提下，帮助生产经营正常、市场前景好，但暂时出现资金周转困难的企业渡过难关，切实帮助企业缓解资金压力。

（四）稳健发展小微金融机构

1. 建立多层次的中小型金融机构

采取有效措施支持中小型金融机构发展，例如，农村银行、村镇银行、合作银行、小额贷款公司、财务公司、担保公司、信托公司、私募基金等，引导中小型金融服务中小企业特别是微型企业发展，同时中小型金融机构应注重立足当地、扎根基层，理性扩张经营，不贪大求全、合理定位，与大型金融机构错位发展。

2. 发展小微金融机构促进民间融资

发展市政府支持的融资担保机构，推动国有资本参与融资性担保体系建设。支持优质小额贷款公司拓宽后续融资渠道，探索制定监管标准化操作流程。促进民间融资向规范化发展，抓好国家相关政策落实，按照鼓励创新和严控风险的原则引导民间资本支持实体经济。

三、专业院校抢抓机遇

目前，长沙市有高等院校 57 所，其中本科院校 22 所（含民办 8 所），专科院校 35 所（含民办 5 所），从表 5-2-1 中长沙市与邻近省会城市的比较来看，杭州市虽然高等学校总数最少，但是本科院校占比最高，为 60.0%，因此不难解释为何杭州市金融科技中心指数可以稳居全球第一方阵。从数量上来看，长沙市的高等院校数量排名倒数第二，成都市仅比长沙多出一所，但是构成却大有不同，成都市本科院校占比 50.0%，而长沙市本科院校只占比 38.5%，在这 5 个省会城市中倒数第一。

表 5-2-1　部分省会城市高等院校数量及构成比例表[①]

城市	高等学校总数	本科院校	专科院校	本科院校占比
长沙	57 所	22 所	35 所	38.5%
杭州	47 所	28 所	19 所	60.0%
武汉	83 所	46 所	37 所	55.0%
郑州	65 所	26 所	39 所	40.0%
成都	58 所	29 所	29 所	50.0%

从数量上看，长沙市高等院校相比较其他省会城市并不占据优势；从结构上看，本科院校占比低，专科院校占比高。数据对比一方面说明了长沙市高端金融人才依赖于外引，另一方面也说明了专科院校在对接区域经济转型发展中大有可为，可以为长沙市现代金融业培育大量服务型人才。因此，大力发展金融教育事业，建立起多层次的金融教育体系，加快培养各级金融专业人才迫在眉睫。

（一）本科院校

2018 年，美国注册金融分析师协会（CFA）指出，当前我国金融行业面临互联网和金融科技双重冲击下的转型、竞争、创新、业务整合等多重压力，企业愈加重视人才的综合能力。《中国银行家调查报告（2018）》提到金融科技浪潮中的机会多于挑战，但是缺乏专业性、复合型人才是银行发展金融科技面对的最大困难。《2019 年长沙市金融企业人才调研》结果显示，长沙市现代金融业人才供需存在显著的结构性矛盾，高端创新型金融科技人才存在较大缺口。综上可知，在长沙市的本科院校，还需要精准发力，进一步化解高端金融人才供需矛盾。

1. 科学规划专业发展定位

本科院校要想更好地服务于区域经济转型发展，就需要明确专业发展和人才培养

① 数据来源：大学生必备网

定位，始终保持同区域经济发展与产业转型升级发生良性互动，通过错位竞争、差异化发展赢得区位优势进而争取更多发展资源。

本科院校充分发挥自身发挥学科和专业优势，建立健全学科专业动态调整机制，提高金融类专业的建设水平，开展一流学科建设和特色专业建设遥加强应用型学科专业建设，增强学科专业设置与区域金融产业关联度，找准与区域产业需求的结合点，坚持社会需求、人才需求导向。

2. 加强产学研协同合作

本科院校应主动利用自身科研平台，积极为金融类企业项目研发、技术转移转化、科技咨询等提供公共科技服务，加快校企科技协同中心建设，开展与行业、企业合作，建立产学研合作研发中心。一方面则要探索建立更有活力的协同创新机制。按照“优势互补、利益共享、风险共担”原则，激励多方协同创新意愿，建立协同创新的利益分配和目标考核机制，激活人才、资本、信息、技术等创新要素活力，保证协同创新平台高效运行和持续健康发展。另一方面则要聚焦区域金融业的发展，产出标志性科技成果。紧密围绕湖南省和长沙市的发展战略、科技创新发展重大部署，与企业合作，突破转型发展瓶颈、核心技术和关键技术，产出高水平、有影响的标志性科技成果，推进区域金融产业质量升级。

（二）高职院校

1. 对接区域产业，规划和开设专业

长沙市高职院校必须紧跟长沙市的产业发展趋势，在长沙市金融业逐渐壮大的背景下，密切关注行业发展变化，了解人才需求的新要求。淘汰与区域产业结构对接度不高、招生情况差、就业率低的专业，根据自身的状况开设金融服务与管理、互联网金融等相关专业。根据调研，目前长沙市高职院校中，专业设置前三名分别是：会计、电子商务、市场营销，尽管就业面向较广，但是人才市场已经趋于饱和状态。

2. 依据区域产业，组建优势专业群

2019 年国务院印发的《国家职业教育改革实施方案》（职教二十条）指出，通过实施中国特色高水平高等职业学校和专业建设计划，重点建设一批能够引领改革、支撑发展，具有中国特色和世界水平的高职院校和专业（专业群）。可见，专业群不仅是建设高水平高职院校的重要基石，更是高职教育适应和契合区域产业发展新趋势的客观要求。

因此，长沙市内开设了金融类专业的高职院校应该根据自身的办学优势和办学特色，主动调整专业发展方向，组建以金融专业为基础或者为核心的财经类专业群，提升专业群的金融属性，以金融专业驱动专业群的整体发展，赋予专业群的学生复合型职业能力，以应对区域金融业的需求。

第三节　未来展望

一、金融活水助力“三高四新”战略全面实施

湖南省政府 2021 年 4 月正式印发了《湖南省金融服务“三高四新”战略若干政策措施》(简称“金十条”),涵盖了十个方面的内容,包括:加大重点领域融资支持力度、强化科技创新金融扶持、实施企业上市“破零倍增”计划、完善城乡金融服务体系、加大绿色低碳产业金融支持、创新中国(湖南)自贸试验区金融服务、加快湖南金融中心发展和优化金融发展环境,等等。

从政策层面来看,已经形成了金融服务紧扣“三高四新”战略的方向指引。可见,未来长沙市金融业的发展首先是重点服务和持续发力,助力“三高四新”战略全面实施,主要体现为以下三个方面。

(一)多样化满足企业资金需求

首先,金融机构将要进一步立足湖南省和长沙市的实际需求,围绕制造业重点领域和关键环节发力,切实满足相关产业、项目和企业融资需求,提高制造业中长期贷款占比。通过银企对接、园区服务,进一步了解企业的需求,解答企业对于资金使用的各项问题,联合媒体成立金融服务站,打造多方共建、“线上 + 线下”、全方位、常态化的金融服务平台。具体来看,对于智能制造行业,从企业智能制造实施的供给和需求两端入手,打造专属产品包、服务包,从各个环节着手解决企业融资痛点与难点;在深耕科技金融,打造具有核心竞争力的科技创新高地方面,抢抓国家深化科技自主创新、持续推进高新技术产业发展的新机遇,聚焦重点园区,加快科技金融产品与机制创新,提供特色产品和精准服务。

其次,银行等金融企业应该调查和了解“三高四新”企业的特征和金融服务需求,创新多元化的金融服务产品,例如,帮助企业解决短期资金需求的金融产品、支持鼓励长沙市高层次人才创新创业的金融产品、助力企业发展壮大的应收账款质押类金融产品以及解决企业传统融资困难的订单贷款产品,等等。

（二）全力支持企业上市服务

2020年湖南省正式启动实施企业上市“破零倍增”计划，提出力争到2025年，全省境内外上市公司数量突破200家。在此基础上，长沙市金融市场服务机构将从以下四个方面对企业上市进行大力支持。

1. 加强企业上市培育

深入挖掘上市后备资源，在湖南省上市后备企业资源库培育基础上，重点围绕工程机械、轨道交通、航空航天、智能制造、5G通信、生物医药等先进装备制造业以及科技创新型企业，建立“三高四新”后备企业资源库，为入库企业在辅导备案和验收、奖励补助等事项开辟“绿色通道”。

2. 完善配套支持政策

进一步加强各市州政府企业上市工作绩效考核力度，充分发挥省企业上市工作联席会议和绩效考核作用，突出产业园区和行业主管部门这个重点，推动将企业上市工作纳入园区建设考评内容，充分调动国资、工信、文旅、农业、医药、军民融合等单位推动企业上市的积极性主动性，加强部门联动。

3. 推动服务下沉

全力推动资本市场服务向县域下沉，促使湖南省一半市州实现资本市场县域工程县市区全覆盖。引导湖南股权交易所及相关证券公司资源向市、县下沉，做好辅导、服务工作。

4. 突出上市重点

围绕“三高四新”战略实施，抢抓资本市场全面注册制改革机遇，推动一批科技型企业上市，充分发挥示范引领作用。加快推动制造业、农林牧渔、环保、文化旅游、生物医药等行业企业上市步伐。推动上市公司利用增发、配股、优先股等多种方式再融资，支持上市公司横向、纵向并购重组，进行同行业兼并、产业链整合，借助资本市场做大规模、做精主业。

二、开启创新发展和绿色发展之路

（一）金融支持文创产业的进一步发展

以新媒体为代表的文化产业是极具发展潜力的朝阳产业。近年来，长沙市始终把文化产业摆在重要发展位置，将创新创意贯穿文化建设始终，坚持大视野布局、大融合发展、大项目支撑、大龙头带动，引领文化产业在守正创新中增光出彩。截至2020年，长沙市现有规模以上文化企业1157家，主板上市文化企业8家，3家文化企业入选“全国文化企业30强”，文化产业总产出突破3000亿元，产业增加值占GDP比重达9%，是长沙市重要的支柱产业之一。

文化产业具有高知识性、高增值性、高融合性、高成长性、低资源消耗、低环境污染等特征，正在成为推动经济发展方式转变和产业结构优化升级的新兴力量。大力探索金融与文化的融合发展，创新金融服务文化创意产业的模式，不仅有利于扩大长沙市文化产业的引领优势，对于金融产业的创新也起到了推动作用。以天心文化产业园这一国家级文化产业示范园区为例，一直在不断创新发展模式、建设具有“长沙特色”的企业金融服务创新试验区。

未来，长沙市金融机构还将通过“文创板”、文化创意金融综合服务平台等渠道，进一步为企业金融服务及文化融合合作提供帮助，创新文化产权交易模式、扩展文化资源交易范畴、提升文化资源交易保障，通过金融创新，解决轻资产文创类企业融资难痛点，让文化肌体注入金融“活血”，实现文创企业与资本市场的紧密合作。

（二）积极探索绿色金融发展之路

长沙市一直积极支持和引导银行业金融机构不断完善绿色金融产品和服务体系，加大对环保类企业和绿色项目的支持力度。截至2018年末，兴业银行长沙分行绿色金融余额318.7亿元，较年初新增36.6亿元，服务绿色金融客户348户，较年初新增60户。覆盖水资源利用与保护、土壤污染治理、大气污染治理、景区管理和新能源领域五大领域，重点板块为水务板块、景区板块及水力发电、太阳能发电板块。截至2018年末，长沙银行全行绿色金融贷款余额101.85亿元，较去年新增约36.59亿元，累计支持授信客户超过230家。主要信贷投放集中在垃圾处理及污染防治，资源循环利用、自然保护与生态修复等重点领域。

未来，长沙市还将进一步明确绿色金融的发展，通过再贷款、专业化担保机制、财政贴息、设立绿色发展基金等措施支持绿色金融发展；明确了证券市场支持绿色投资的重要作用，统一绿色债券界定标准，积极支持符合条件的绿色企业上市融资和再融资，支持开发绿色债券指数、绿色股票指数以及相关产品，建立和完善上市公司和发债企业强制性环境信息披露制度。提出发展绿色保险和环境权益交易市场，按程序推动制定和修订环境污染强制责任保险相关法律或行政法规，支持发展各类碳金融产品，推动建立环境权益交易市场，发展各类环境权益的融资工具。通过专业化绿色担保机制、设立绿色发展基金等手段撬动更多的社会资本投资绿色产业。同时，积极探索在绿色金融领域内的国际合作。

三、产业聚集成为核心引领

湖南金融中心位于滨江新城的核心区域，被定义为中部“陆家嘴”，由长沙市政府主导，长沙先导投资控股集团开发运营，截至 2020 年，湖南金融中心入驻了长沙银行、农业银行、民生银行、民生银行、浦发银行、广发银行、平安银行各类金融机构及配套企业 300 余家，“总部经济”效应凸显。其中，省级以上持牌金融机构 25 家（法人 4 家），金融科技及配套企业 10 家，基金机构 220 家。各类机构总注册资本金 360 亿元，基金管理规模 2025 亿元。银行、证券、期货、保险、保险经纪、第三方支付、基金、商业保理、律师事务所、金融科技等 10 多种金融业态集聚，湖南首家民营银行“三湘银行”也在滨江新区落户，直接融资、间接融资工具更加丰富，服务实体经济的手段更加多元化，金融产业生态更加完善。据资料显示，2018 年前三季度湖南金融中心实现全口径税收首次突破 10 亿元，是岳麓区 2017 年全年金融业税收的 2 倍，银行、消费金融、融资租赁成为纳税主力军，金融业成为新区税收收入的主要增长点。（资料数据来源于潇湘晨报 2018 年 11 日）未来，湖南金融中心还将持续引领长沙市金融业的发展，其主导优势有三：

（一）政策的持续支持

湖南省政府会议纪要（湘府阅〔2016〕53 号）首次提出湖南金融中心定位，明确为湖南唯一省级金融中心，并将其努力建成为立足中部、辐射西部的全国区域性金融中心。随后，几乎每年，湖南政府工作报告中都提到“要加快湖南金融中心建设”。并且明确指出“要集全省之力，把湖南湘江新区滨江金融中心打造成唯一省级金融中心，乃至区域性金融中心”。并对该区域配套了各类人才引进、招商引资的优惠政策，2019 年两会期间，长沙市政府工作报告也指出，将加快湖南金融中心建设，进一步完善基础设施和公共服务，新引进金融科技领军企业、大型金融机构、基金机构不少于 100 家，完成投资 45 亿元以上。湖南省政府 2021 年 4 月印发的《湖南省金融服务“三高四新”战略若干政策措施》再次强调要大力发展湖南金融中心。

（二）区位优势进一步彰显

湖南金融中心的区位优势将持续推动该区域成为金融重心。金融产业聚集之地，也是高收入和高消费人群聚集地，往往商业配套极为完善，地段极为稀缺的黄金地块。湖南金融中心站在“巨人”滨江新城肩上发展强劲，其为实体经济服务，同时将成为促进区域经济一体化的助推器，滨江新城内的商业形态也初具规模。同时，湖南金融中心也加快导入互联网金融、消费金融、小贷公司、担保公司及资产管理公司等新兴金融业态，聚焦科技普惠金融，积极对接协会、法务、会计、培训等金融服务配套机构，打造完整的金融全产业链。

（三）滨江新区的“价值洼地”效应明显

滨江新区这块寸土寸金的位置依旧处于价值洼地，这与长沙市近年来稳控房地产市场的决心有关。土地竞拍熔断机制、“限房价、竞地价”政策的出台都使得该区域地价保持稳定。

随着更多的金融机构入驻湖南金融中心，各类机构、企业不断布局，片区的经济、人流、消费等都将引来井喷式的高速发展，滨江新区将形成以湖南金融中心 CBD 区为核心的大型中央活动 CAZ 区，随之带动人才、技术、要素的聚集和流动。

第六章
案例分享：
提升办学实力，服务产业发展
——长沙商贸旅游职业技术学院
现代金融服务专业群的建设

长沙商贸旅游职业技术学院的以金融服务与管理专业和财务管理专业为驱动，以大数据与财务管理、大数据与审计专业为支撑，架构起“厚基础、双驱动、宽输出”的现代金融服务专业群，深度对接长沙市金融产业，培养懂财会基础知识、会数据分析计算、能运营规划资金的服务于区域现代金融企业的复合型技术技能型人才。

第一节 政行企校联动顶层设计

一、金融行业发展与人才培养背景分析

（一）金融行业发展背景——人才瓶颈制约金融发展

中国逐步开放金融市场后，面对日益迫近的金融市场全球化浪潮，技术应用、经营水平以及服务质量均高一筹的外资金融机构冲击着我国金融业的经营环境和内部作业模式。在金融竞争、市场创新、业务融合的多重压力下，要提高我国金融业的竞争力，实现技术信息化、产品国际化的快速进步，必须突破制约我国金融企业竞争力的人才需求瓶颈。

（二）金融行业发展方向——经济转型需要教育革新

“十三五”的加快转变经济发展方式，促进产业结构优化升级的战略举措出台后，为了更好地适应这种经济转型的要求，中国金融业的整体结构、运作模式、管理体制等正发生重大变化，中国金融业面临着深刻转型。面对国内经济转型与国际金融环境的整体趋势，中国金融教育、人才培养、行业研究也需要突破传统模式，以全新的理论与技术手段来实现金融研究的理论创新与行业应用，实现金融教学与人才培养水平的不断提高。

（三）金融人才培养方向——综合性应用型人才培养

面对国内金融转型与国际金融发展新需求，未来金融业对人才素质要求也在发生改变。综合金融发展需要金融人才具备更全面金融理论与业务技能，激烈的行业竞争同时要求金融人才具备高精尖专业素质，这就要求高校金融教育要突破传统教育模式，加强金融相关专业软硬件教学设施建设，更紧密联系金融行业发展，注重实践教学与创新，为行业输送一专多能的复合型金融人才。

（四）金融教育创新方向——教育信息化下的理实结合

面对复合型金融人才培养的重任，各院校应当发挥学校学科专业优势，积极利用企业的开发实力和支持服务能力，充分整合学校信息化实训教学资源，以培养学生综合设计和创新能力为出发点，创造性地建设与应用高水平软件共享虚拟实训、仪器共享虚拟实训和远程控制虚拟实训等教学资源，提高教学能力，拓展实践领域，同时建设具有扩展性、兼容性、前瞻性的管理和共享平台，高效管理实训教学资源，满足专业的虚拟仿真实训教学的需求，打造教育信息化下的虚实一体化教学体系。

二、金融行业人才培养目标确定

（一）培养全方位的综合性金融行业人才

现代银行、证券、保险等行业的综合性非常强，涉及的学科包括：管理学、金融学、保险学、经济学、社会学、银行学、计算机科学等，企业所需要的金融人才必须能够解决金融业务中所遇到的金融、经济、保险、银行、证券、管理、信息、外语甚至法律政策等方面的问题。因此，院校培养的金融人才应该既能系统完整地了解和掌握理论知识又能将其应用于实践。结合我国金融业发展的趋势，复合型金融专业人才的能力结构应该包括专业知识结构和专业技能结构的两部分。这也是此次项目人才培养方向的另外两大主要目标。

（二）培养具备职业知识结构的专业人才

金融专业相关人才，不仅要具备必需的、基本的人文知识和科学素养，具备熟练阅读理解现代金融业务的基本知识，包括金融业务中所必备的金融、营销、沟通、法律、外语等知识，具有较强的分析和解决业务方面实际问题的基本能力，掌握现代金融管理运作中的分析能力、协调能力、应急处理能力等，具备计算机基础应用和现代金融信息系统操作与管理等，而且还需具备现代金融学、经济学、营销学、统计学、法律学、计算机学等基础理论知识，实现人才专业知识结构的综合培养，造就复合型专业人才。

（三）培养具备职业技能结构的技术人才

金融专业相关人才，不仅应具备良好的沟通和把握现代金融发展全局的能力，具备营销与风控意识，具备计算机与外语能力，包括熟悉金融业务的基本流程，了解金融及风险管理的相关知识，能够阅读相关的外文书刊和技术资料，在开展相关业务工作中的业务实际运用能力，而且还须具备专业化的金融业务操作能力，包括具有较强的业务操作和客户对接的能力，熟悉营销、信贷、风控、财务报表的分析及风险管理的流程等，并具备较强的实战分析和风控分析能力，做好金融风险和控制的把控。

（四）培养符合行业相关要求应用型人才

现代金融业不仅涉及多个学科的理论，而且它的实践性非常强，这就要求相关专业及其他相关人才不仅要有丰富的专业理论知识，而且要有很强的专业实操能力和知识运用的实战能力。近年来，尽管金融方向的高等教育取得了长足的进步，但金融相关人才培养的总体规模依然无法满足产业升级、金融业对外开放所产生的人才需求，还不可能从根本上改变现代金融业发展缺乏高素质的专业金融人才的状况，而重理论轻实践的传统教育方式则将这种不利于行业发展的现状进一步放大。因此，加强金融方向相关专业的实践实训教育，培养切实符合行业要求的应用型金融人才，对行业的发展来说显得十分重要。

三、政行企校联动总体设计

与本土现代金融服务业密切合作，积极开展跨专业应用创新型教育，打造包括金融、理财、会计、审计等专业在内的现代金融服务特色专业群，深度对接相关岗位群，兼顾学生当前就业和未来职业发展需要，与银行等金融机构共同构建“1+X”多证融通体系，职业通用能力、职业专门能力、职业综合能力“三层递进”的理实一体教学模式。通过与校企共同体合作企业的整合，将原有各实训基地及产业学院进行重组，引企入校，顺利构建企业联动架构的实践教学基地。在校企共同体中开展“工学合作‘双元’育人”模式的应用，解决好企业生产与学生实习实训的矛盾问题，使专业群厚重的校企深度产教融合的做法、架构成为全国的样板。

（一）引进长沙银行成立长银学院

长沙银行成立于 1997 年 5 月，是湖南省首家区域性股份制商业银行和湖南最大的法人金融企业，于 2018 年 9 月 26 日在上海证券交易所上市。目前，长沙银行已拥有包括广州分行在内的 30 家分行（直属支行），营业网点实现了湖南省地市州覆盖，控股发起湘西、祁阳、宜章三家村镇银行和湖南长银五八消费金融股份有限公司。长沙银行正着力打造智慧金融、县域金融、绿色金融、科技金融四大特色战略品牌。截至 2018 年 12 月末，资产总额 5266.30 亿元，位列“2018 年全球银行 1000 强”第 311 位和“2018 年中国服务业企业 500 强”第 219 位。

长银学院是与长沙银行合作成立的校企共同体。拟由长沙银行和长沙商贸旅游职业技术学院共同成立的产业学院，积极引进长沙银行的智慧金融、科技金融等业态在校合作服务，兼具高职教育的人才培养、长沙银行的企业员工继续教育两大职能。提供学生实践岗位实践，带领学生在零售业务人员、公司业务人员、国际业务人员、支付结算业务人员、科技金融业务人员岗位交替轮岗，接收学生滚动开展学习（工作）不低于 200 人/年。

（二）引进五八长银互联网金融事业部

湖南长银五八消费金融股份有限公司（以下简称“长银五八”),注册资本 3 亿元，于 2017 年 1 月 24 日正式开业,是经中国银保监会批准的湖南首家持牌消费金融公司，由长沙银行股份有限公司、北京城市网邻信息技术有限公司、长沙通程控股股份有限公司共同发起设立，总部位于湖南长沙。公司以“互联网 + 科技驱动”为发展策略，以“科技金融、普惠金融、信用生活”为经营理念，致力成为“百姓喜爱、特色鲜明、行稳致远”的消费金融品牌企业。

五八长银互联网金融事业部与长银学院合作成立校企共同体。拟由湖南长银五八消费金融股份有限公司设置在长沙商贸旅游职业技术学院校内的业务部门，运营团队成员由双方共同派出，定位于按工学合一（工作与学习一体化）的校企共同体协同的“双元”育人模式培养互联网金融高职人才。每年有 10 名企业兼职和学校的专职教师在该事业长期工作，带领学生在客户服务、理财营销、消费营销、App 合作营销等班组进行交替轮岗，接收学生滚动开展学习（工作）不低于 200 人/年。

（三）长银学院和五八长银互联网金融事业部运营模式

计划 2022 年长银学院和 58 长银互联网金融事业部开始运营。针对金融服务与管理以及财富管理专业，58 长银互联网金融事业部提供客服技术人员、理财分析与服务人员、消费贷款营销人员、生活助理人员岗位每个月 40—50 个；长银学院提供零售业务人员、公司业务人员、国际业务人员、支付结算业务人员、科技金融业务人员岗位每个月 40—50 个。其中，在 58 长银互联网金融事业部，学生在客户服务、理财营销、消费营销、APP 合作营销等班组进行交替轮岗，每个岗位学习（工作）1 周。在长银学院，学生在零售业务、公司业务、国际结算、会计结算、科技金融等班组进行交替轮岗，每个岗位学习（工作）1 周。

第二节　架设“1+4”现代金融服务专业群

以国家“双高计划”为引领，针对现代金融服务业发展中的问题，把握以下几个现代金融服务业教育发展方向，提出对现代金融服务专业群建设的反思、建议，为高职院校专业改革服务，为金融服务类人才培养服务，为国家、地区经济社会发展服务，具有深远的研究价值。

现代金融服务专业群建设研究以国家双高计划为引领，整体规划实现育人培才的核心目标，有效提升办学实力及学生就业率，2021年，长沙商贸旅游职业技术学院的现代金融服务专业群的建设与实践获得湖南省教育教学成果二等奖。

一、现代金融服务专业群的整体架构

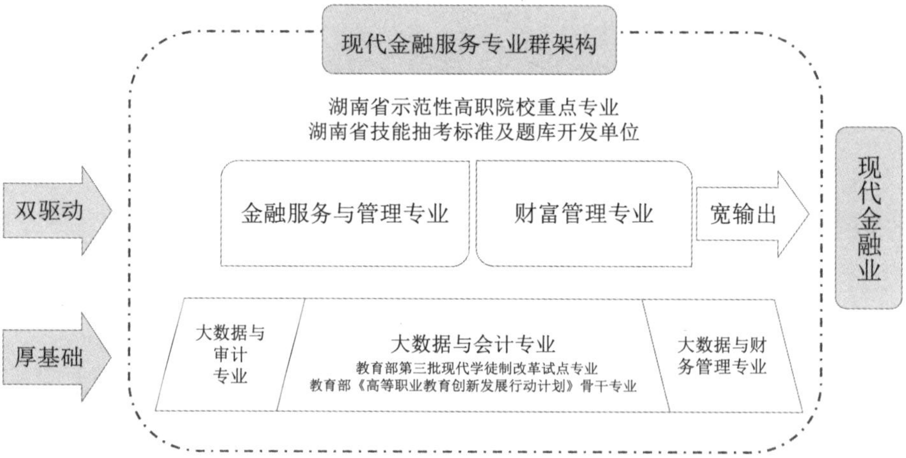

图6-2-1　现代金融服务专业群总体架构图

现代金融服务专业群立足长沙市，服务湖南，面向现代服务业，为长沙市打造国家重要先进制造业中心、区域性金融中心、国家科技创新中心等战略奉献职教人才力量，以大数据与会计专业为基础，以金融服务与管理和财富管理专业为重心，以大数据与财务管理、大数据与审计专业为支撑，架构起“厚基础、双龙头、宽输出”的现代金融服务专业群，培养懂财会基础知识、会分析计算数据、能运营规划资金的服务于现代商业企业的复合型技术技能型人才。详见图 6-2-1。

二、现代金融服务专业群构建的主要内容

（一）构建“以岗定学、双线并行、三层递进、多证融通”的现代金融服务专业群人才培养模式

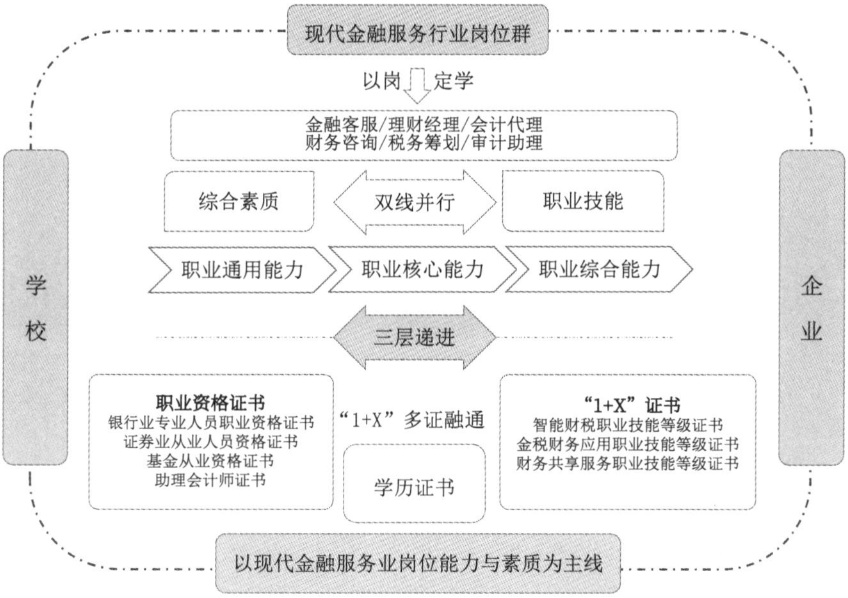

图 6-2-2 “以岗定学、双线并行、三层递进、多证融通”人才培养模式图

现代金融服务专业群与区域内金融服务企业（长沙银行、方正证券、北京东大正保科技有限公司、立信会计师事务所等）密切合作，“以岗定学”，深度对接现代金融服务业岗位群，积极开展跨专业应用型教育；注重学生的思想政治综合素养与职业技能双向提升，开启“双线并行”的培养路径，通过课程引领、活动引导相互协同，筑牢学生思想阵地，强化综合素质培养；实行了基础管理能力、专业核心能力、职业综合能力“三层递进”的理实一体教学模式；兼顾学生当前就业和未来职业发展需要，共同构建“1+X”多证融通体系；形成了理实一体课堂教学、综合性实训大区训练、云平台在线实训和校内外实训基地实习四维一体的实习实训运作模式，以培养适应现代金融新业态发展的“复合型、创新型、应用型”现代金融服务业特色人才。

（二）推进“1+X证书”试点制度，建设“基础共享、核心独立、拓展互选”的专业群课程体系和在线精品课程

积极推进“1+X证书”试点制度，根据“双线并行、三层递进、多证融通”的人才培养模式，建立“基础平台共享、核心课程独立、拓展模块互选”专业群课程体系，培养学生的知识迁移能力、跨岗位就业能力和岗位提升能力，以满足当前金融产业亟待转型，产业融合和渗透逐步加强的背景下，现代金融服务专业群所对接的岗位群对于跨专业的知识和技能的要求。

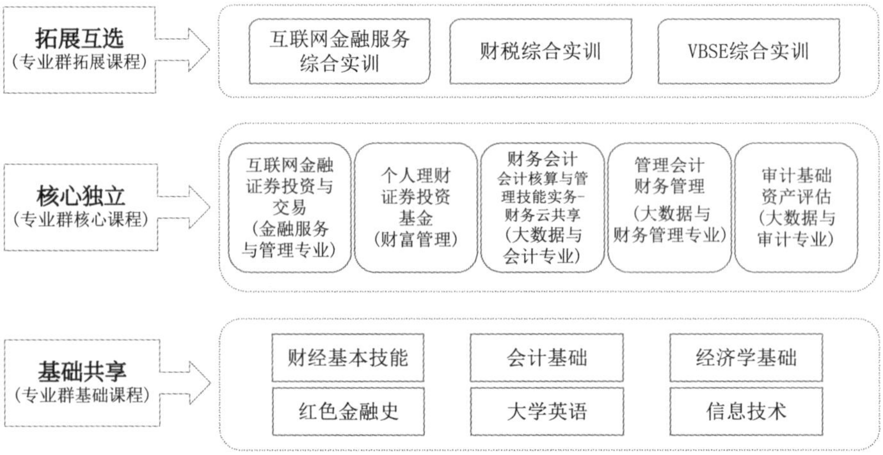

图6-2-3 “基础共享、核心独立、拓展互选”的课程体系图

同时，以现代教育信息技术为手段，云平台在线课程建设为核心，建设优质的信息化教学资源，涵盖了现代金融服务专业群的基础课程、核心课程、拓展课程。其中，整个专业群的专业课程中的平台在线课程占比62%，打破了传统课程学习对于时间空间的限制和要求，促进了泛在、移动、个性化学习方式，也逐步落实三教改革。

对接行业技术标准、职业技能等级标准，及时更新教学内容，与时俱进，将最新的金融科技应用、企业会计准则、税收法规与制度、企业典型案例融入教学内容，促进职业技能等级证书、职业资格证书与学历证书相互融通，与中联教育集团科技有限公司、北京东大正保科技有限公司、航天信息股份有限公司、新道科技股份有限公司等多家教育部认定企业密切合作，落实智能财税、财务共享服务、财务数字化应用、业财一体信息化应用等教育部认定的、社会认可度高的职业技能等级证书的试点。

（三）构建“教训赛创战”五位一体、层次递进、虚实结合的实践教学体系

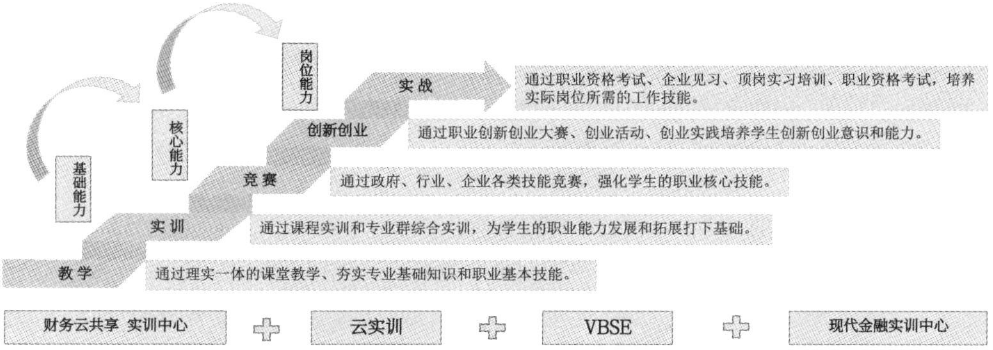

图 6-2-4 “教训赛创战”五位一体、内容综合、层次递进的实践教学体系图

在现代金融服务专业群已有的仿真银行、证券交易大厅、财务工作室的实践教学基础上，搭建现代金融实训中心、VBSE 企业综合运营实训中心、财务云共享中心三个跨专业的综合性虚拟仿真教学平台，通过信息技术和互联网打造远程教学云平台，串联起技能教学、实训操作、技能竞赛、创新创业以及实战模拟 5 个实践环节。并依据职业能力的认知规律，进行“基础能力——核心能力——岗位能力”层次递进的能力培养，构建起“教训赛创战”五位一体、层次递进、虚实结合的实践教学体系，向现代金融服务各类企业输送复合型、创新型人才。

（四）打造“共建、共享、共营”的现代金融服务实训大区

现代金融服务专业群与多家企业合作共赢，建立了现代金融服务实训大区，覆盖了群内包含的 5 个专业。实训大区包括与北京东大正保科技有限公司、湖南中德安普大数据网络科技有限公司合作建设的“财务云共享服务中心”，与用友新道科技有限公司合作建设的“VBSE 企业综合运营实训中心”，以及正在和深圳智胜信息技术股份有限公司合作建设的“现代金融实训中心”，实训大区已经投入运营，逐步形成学校与企业之间的共建、共享、共营。

第三节 打造示范性技术技能服务平台

高新技术技能创新服务平台是高职院校的重点内涵建设。与传统平台相比，高新技术技能创新服务平台应该着力服务区域内中小微企业，对接产业发展趋势，联合行业企业、科研院所和高等学校，共建新型人才培养的实践教学创新平台、先进信息技术商业应用协同创新平台、产品开发中心、技能大师工作室、建设咨询服务中心和建设职业技能培训与鉴定平台等，集技术攻关、人才培养、创新创业功能一体的技术技能创新平台。

一、构建各类协同创新平台

（一）构建创新型人才培养的实践教学创新平台

由政府主导，学院牵头组建，行业、企业参与的职教集团多方合作、搭建起有利于创新型人才培养的实践教学创新平台——“共建、共享、共营”的金融服务实践平台。以服务于地区金融应用型人才需求为导向，满足未来金融街对高校产学院研用的需求；逐步建成省级“应用型金融整体示范实验实训中心”，以服务于“高新区”金融人才需求为导向，以满足未来金融实际教学需要，成为为地区应用型金融人才培养的重要基地。通过实验室的建设，更加聚焦区域经济建设与发展，解决行业和企业中急需解决的现实技术，或者研究行业紧缺的技术标准，构建自己的特色和优势，从而形成稳定的研究方向，不断产出高水平的科研成果。

（二）建设先进信息技术商业应用协同创新平台

进一步提升学院的技术研发水平，依托新型人才培养的实践教学创新平台，以市场为导向，聚集学校、政府、行业、企业的资源，建设融合电子信息技术、互联网金融、会计等专业为一体互信息技术商业应用协同创新平台，组织学院教授及科研骨干力量积极承担横向项目，设立政校行企合作开展科研专项项目；通过信息技术商业应用协同创新平台，打造专任教师与企业导师专兼结合的信息技术商业运用协同创新团队，进一步调动人才、资本、信息结束等创新要素的活力，加快协同创新中心成果的产出，更好的服务区域经济发展。

二、打造金融人才孵化示范基地

（一）打造国家级人才孵化示范基地

现代金融综合虚拟仿真实训基地，通过整合银行、证券、保险、互联网金融等专业实训资源的同时运用包括虚拟仿真、数据融通、理实结合等新技术及新的仿真教学软件，搭建虚拟仿真教学平台、建立综合金融实训体系、实现虚实教学结合与教学信息融通共享，并通过校企合作，创新金融教育新模式，培养出切实符合行业要求及市场经济发展要求的综合性、复合型、应用型人才，全面提升学校的办学实力和人才培养能力。创新我国金融人才培养孵化的新模式下，打造国家级金融人才培养的示范性基地。

（二）建设湖南省区域性金融培训基地

依托中国金融培训中心，成为中国金融培训中心在湖南省的金融培训基地。承接目前中国金融培训中心现有的的培训和考证业务，如保险代理人考证培训、银行从业人员考证培训、银行员工综合能力达标认证、金融教师技能达标认证培训、金融风险管理师(FRM)等，每年承接 10 ～ 20 场中国金融培训中心和各省金融机构的人才培训项目,同时为高校学生的金融专业考证提供场地,变“消耗型”实训中心为“经营型”实训中心，最终实现良性循环。在承接各种培训项目的同时，通过与企业人员的交流和企业课程的学习，以及金融职业讲师的培训和考核全面提升教师的教学水平，优化师资力量。

三、树立区域性教学培训高地

（一）树立地区性虚拟实训教学模范标杆

实训基地将依托实训中心虚拟仿真教学平台的建设，应用虚拟化接入技术，多元单点登录技术，数据交换等技术解决高校虚拟仿真实训教学领域内资源的建设、整合、开放与共享问题，提供可持续发展的虚拟实训教学环境，打破当前状况下实训应用的封闭、异构等严重阻碍“共享”的障碍枷锁，并将“有限的物理实训教学空间”拓展成为“无限的虚拟实训教学空间”，以虚拟仿真实训教学资源的开放共享和充分使用为最终目标，促进学校品牌提升，树立地区性虚拟教学的模范标杆，最终形成校与校之间，学院与学院之间，校与企业直接共建、共享、共营的局面，更好地为培养校内外实践创新能力的优质人才以及为湖南地区的金融业发展贡献更多优质人才。

（二）对接“1+X”证书制度，建设职业技能培训与鉴定平台

“学历证书＋若干职业技能等级证书”制度 简称“1+X”证书制度。采取“校、政、行、企”四方共建和共管的运营模式，高水平建好技能培训与鉴定平台。职业技能培训与鉴定中心的研究，可围绕“1+X”证书运行机制、培训与鉴定师资培养、平台建设的信息化等方面开展，将职业资格证书，如高级考评员、高级职业资格证书、技师或高级技师等证书纳入教师能力提升计划，切实提升教师实施教学、培训和考核评价的能力。平台在面向高职院校学生开展职业技能鉴定业务的同时，又对社会开放、对企业开放，实现职业教育与技能培训服务社会，同时满足企业急需的技能人才培训需求。

四、建设金融产品研究和服务中心

（一）建立省级现代金融产品研究中心

在互联网金融研究中心协同创新平台下，建立省级现代金融产品研究中心。与地区银行、互联网金融平台等企业合作，联合组建团队研发面向高端客户群体的个性化理财产品、国际业务产品、互联网金融等现代金融产品的研究和研发测试，带领学生开展产品应用推广服务。形成研发中心稳定的运行机制，建设产品线下服务中心和线上虚拟服务平台，与合作企业实现无缝对接，可实时处理业务。

（二）成立技能大师工作室

以助力地方产业转型升级、培养高技术技能人才为目标，同时结合“共建、共享、共赢”的现代金融服务专业实训基地，与商业银行、保险公司、证券公司等企业进行

深度合作，创建“现代金融服务技能大师工作室”。聘请金融各领域内知名、资深的行业专业，开展新技术开发、试点推广和课题研究、培训设备研发，总结绝技绝活和技术技能创新成果。开展技术交流，加快高技能人才集聚，形成技术创新团队，提升工作室教师团队的技术水平。结合工作室的发展需要，推行技能大师带徒制度，以技能大师为带头人，通过新型现代学徒制订单班方式传授技艺，为企业、学院和社会培养高技能人才。

（三）建设咨询服务中心

依托校内外实训基地，以教学名师和技能名师工作室建设为载体，积极开展社会服务工作。初步设立社会发展与咨询服务中心，进一步整合学校金融专业、会计专业、财管专业、电子商务专业等专业骨干教师，引进校外专家资源，拓宽服务领域，确定稳定的服务对象，落实咨询服务项目，形成稳定的合作机制，构建完善的服务体系，提高服务层次和水平，提高服务层次和水平，打造社会服务品牌，为政府及中小小微企业提供有效的信息决策咨询服务。

附　录

2020 年度长沙市金融业大事记

● 2 月 13 日，湖南省委常委、长沙市委书记胡衡华主持召开全市企业上市工作座谈会。这是市委、市政府在春节后新冠肺炎疫情防控期召开的第一个经济类会议。

● 2 月 29 日，针对新冠肺炎疫情特殊形势，长沙市率先举办金融战“疫”银企对接会暨重点项目签约活动,签约 502 亿元,有力地提振了社会发展信心。湖南省委常委、长沙市委书记胡衡华，市委副书记、市长、湖南湘江新区党工委书记郑建新以及金融监管部门主要领导出席，在湘各银行保险机构主要负责人、企业家代表参加。

● 4 月 16 日，长沙市出台《发挥保险社会治理功能巩固新冠肺炎疫情防控成果促进经济恢复发展若干措施》(长政办发〔2020〕14 号)，为全省首个保险业支持抗疫复产复学专项政策。

● 4 月 27 日，第九届“长沙金融服务节”开幕式暨人工智能及机器人(含传感器)产业链银企对接会在长沙雨花区举行。长沙市委副书记、市长、湖南湘江新区党工委书记郑建新，长沙市委常委、常务副市长夏建平出席活动。本届长沙金融服务节共组织 12 场次主题活动，极大增强了企业和市民的金融服务获得感。

● 5 月 19 日，在全省 P2P 网络借贷风险专项整治和防范处置非法集资工作电视电话会议上，长沙市委常委、常务副市长夏建平代表长沙市作先进发言。长沙市的实践和做法，今年两次得到国家部委和湖南省委、省政府肯定，并作为“湖南经验”向全国推广

● 6 月 10 日，长沙市加速企业上市工作推进会召开。湖南省委常委、长沙市委书记胡衡华，长沙市委副书记、市长、湖南湘江新区党工委书记郑建新及金融监管部门主要领导出席。会议为长沙市企业上市服务中心、深圳证券交易所长沙资本市场服务基地授牌。

● 6 月 15 日，长沙市以“守住钱袋子，护好幸福家”为主题，部门同频，载体同步，

群众同声，创新开展防范非法集资集中宣传月系列活动，共组织多种形式的宣传活动 240 多场，发送公益短信超 400 万条，开展专题讲座 50 个，提升公众对非法集资的防范意识和能力。其中线上首次利用抖音、微博多渠道宣传，线下重点针对老年群体举办防范非法集资公益活动。

● 7 月 22 日，作为湖南省金融支持稳企业保就业长沙专场活动，长沙市 2020 年“普惠中小微金融润星城”金融惠企政策知识竞赛活动决赛在长沙市高新区举行，超过 37 万人同步在线观看活动期间，来自 26 家银行和 11 个园区的 37 支代表队同场竞技，全程采用“网、报、台”多媒体融合方式，有效扩大了宣传面和影响力，助力金融惠企措施更好落地。

● 8 月 1 日，长沙市出台《金融业高层次人才分类认定目录》（长人才发〔2020〕8 号），为全省首个金融引才政策。

● 9 月 3 日，长沙市政府与中国长城资产管理股份有限公司签署合作框架协议，长沙市委副书记、政府市长、湖南湘江新区党工委书记郑建新，长沙市委常委、常务副市长夏建平出席。这是市政府首次与国有金融资产管理公司签约合作。

● 9 月 9 日，长沙市政府与湖南省地方金融监管局、湖南证监局和上海证券交易所签署合作协议，上海证券交易所资本市场服务湖南基地在长沙揭牌，“一中心、两基地”上市服务机制正式形成。湖南省委常委、常务副省长谢建辉等领导出席活动。

● 11 月 25 日，长沙市与上海市、海南省、西安市、青岛市、大连市共同获批，成为央行数字人民币第二批试点地区。长沙市是中部唯一的试点城市。

● 11 月 28 日，长沙市凭借 2020 年前十个月上市 A 股公司家数和 IPO 排队家数等综合优势，在中国资本年会上，与北京、上海、深圳等城市一起被评为“2020 上市竞争力领先城市”。

● 2021 年 4 月 9 日，第十届长沙金融服务节开幕式暨金融工作座谈会在湘江基金小镇举行。湖南省委常委、长沙市委书记吴桂英出席会议，提出要确保“十四五”末长沙市金融业增加值占 GDP 比重达到 11% 以上，这为长沙市金融业发展锚定了方向、指明了路径。座谈会后举行的第十届长沙金融服务节开幕式上，发布了《践行“三高四新”战略推动金融业高质量发展实施意见》，长沙金融专题库和金融大数据服务开发平台同步上线启动。

● 2021 年 6 月 18 日，由华融湘江银行、财信证券联合主办的“碳路金融 · 财聚湘江”2021 年碳中和高峰论坛在长沙市举行。全国 80 家金融机构，来自政界、学界、金融业等 200 多位领导、嘉宾共聚星城，就金融助力“碳达峰、碳中和”目标展开探讨。

2020 年—2021 年长沙市部分金融业有关政策法规

《关于支持湖南金融中心发展的若干措施（试行）》

（2020 年 3 月）

为进一步优化金融业发展政策环境，引导金融机构聚集发展，加快湖南金融中心建设，制定如下措施。

第一条　适用对象

本措施适用对象为商事登记和实际经营办公在湖南金融中心 6.8 平方公里规划范围内（东至湘江西岸，西临银杉路，南抵潇湘北路与滨银路交会处，北至北二环），独立核算并为新区和岳麓区财力做出贡献的金融机构总部、金融分支机构、地方金融机构和金融配套服务机构（金融行业协会不作财力贡献要求）。

第二条　大力支持金融机构总部

大力支持金融机构总部落户湖南金融中心，给予落户奖励、办公奖励、经营奖励、能级奖励、创新奖励与人才支持。

金融机构总部，是指经国家金融监管部门批准或备案并具有独立法人资格的银行、证券公司、保险公司、保险中介公司、期货公司、信托公司、金融租赁公司、消费金融公司、汽车金融公司、资产管理公司、支付公司等机构。相对控股 2 家以上不同类型金融机构总部，且实缴注册资本 30 亿元以上（含 30 亿元）的金融控股公司参照金融机构总部执行。

（一）落户奖励

经国家金融监管部门审批设立的金融机构总部，在湖南金融中心注册之日起 2 年内实缴注册资本在 10 亿元以上（含 10 亿元）的，按实际到位资金的 3% 给予落户奖励，最高不超过 5000 万元；实缴注册资本在 5 亿元—10 亿元（含 5 亿元）的，按实际到位资金的 2.5% 给予落户奖励；实缴注册资本 1 亿元—5 亿元（含 1 亿元）的，按实际到位资金的 2% 给予落户奖励；实缴注册资本 500 万元—1 亿元（含 500 万元）的，奖励 100 万元。由国家金融监管部门备案管理的金融机构总部，按上述标准的 50% 执行，最高不超过 1000 万元。落户奖励资金自认定为金融机构总部年度起，分 2 年每年按照 50% 的比例兑现。

（二）办公奖励

金融机构总部在湖南金融中心购买办公用房自用的，按 1800 元每平方米的标准给予购房奖励，奖励总额不超过 1000 万元。金融机构总部在湖南金融中心租赁办公用房自用的，每年按租金市场评估价的 50% 给予不超过 3 年的租房奖励，每年租房奖励金额不超过 500 万元。先租后买的，在申请购房奖励时扣除前期已享受的租金奖励。在政策有效期内因发展壮大新增办公面积可按以上标准的 50% 给予不超过 3 年的租房奖励，但累计不突破上述奖励总额上限。若金融机构租赁办公用房租价低于市场评估价的，则按其实际租价为基准给予租房奖励。

（三）经营奖励

1. 贡献支持

金融机构总部自认定次年度起，连续 3 年按照核算年度地方财政贡献较上年度增量部分的 50% 给予奖励。

2. 高管支持

对获得贡献支持的总部机构，在获得奖励年度，对金融机构总部不超过员工总数 10% 的高级管理人员、专业技术人员，按照个人当年缴纳所得税的 50% 给予奖励，每人每年最高不超过 20 万元。

（四）能级奖励、创新奖励与人才支持

参照长沙市人民政府办公厅《关于支持总部经济发展的若干意见》（长政办发〔2020〕5 号）执行。

第三条　鼓励发展金融分支机构

支持金融分支机构（一级分支机构和二级分支机构）落户金融中心，给予落户奖励（仅适用一级分支机构）、办公奖励和经营奖励。

金融机构一级分支机构，是指直接隶属于金融机构总部的湖南省级分行（分公司，省内仅限一家）。金融机构二级分支机构，是指直接隶属于金融机构一级分支机构的长沙市级分行（分公司，市内仅限一家）。

（一）落户奖励

银行分支机构。银行一级分支机构，按其总行注册资本金给予一次性落户奖励，总行注册资本金 100 亿元以下的奖励 300 万元，100 亿元（含）至 500 亿元的奖励 400 万元，500 亿元（含）以上的奖励 500 万元。

保险分支机构。具备营业职能（或同时引入一家直属营业机构）的保险公司一级分支机构，给予 100 万元一次性落户奖励。保险代理、保险经纪、保险销售一级分支机构给予 50 万元一次性落户奖励。

证券期货分支机构。具备营业职能（或同时引入一家直属营业机构）的证券、期货一级分支机构，给予 50 万元一次性落户奖励。

信托公司、金融租赁公司、第三方支付机构、消费金融公司、汽车金融公司、资产管理公司等其他由国家金融监管部门批准或备案的金融机构的分支机构参照证券期货分支机构执行。

（二）办公奖励

金融分支机构在金融中心购买办公用房自用的，一级分支机构、二级分支机构分别按 1300 元每平方米、900 元每平方米的标准给予一次性购房奖励，奖励总额分别不超过 500 万元、200 万元。金融分支机构在金融中心租赁办公用房自用的，一级分支机构、二级分支机构每年分别按租金市场评估价的 40%、30% 的标准给予不超过 3 年的租房奖励，每年租房奖励金额分别不超过 200 万元、100 万元。先租后买的，在申请购房奖励时扣除前期已享受的租金奖励。在政策有效期内因发展壮大新增办公面积可按上述标准的 50% 给予不超过 3 年的租房奖励，但累计不突破上述奖励总额上限。若金融机构租赁办公用房租价低于市场评估价的，则按其实际租价为基准给予租房奖励。

（三）经营奖励

1. 贡献支持

金融分支机构自营业次年起，连续 3 年按照核算年度地方财政贡献较上年度增量部分的 40% 给予奖励。

2. 高管支持。

对获得贡献支持的金融分支机构，在获得奖励年度，对不超过员工总数 10% 的高级管理人员、专业技术人员，按其当年形成地方贡献的 80% 予以奖励，每人每年最高不超过 20 万元。

第四条　规范发展地方金融机构和配套服务机构

鼓励地方金融机构和金融配套服务机构规范发展，给予落户奖励、办公奖励和经营奖励。

地方金融机构是指通过省地方金融监督管理局审批（备案），合法合规经营且具有独立法人资格的融资租赁、商业保理、融资担保、小额贷款、区域性股权市场、地方交易所等 6 类机构。

配套服务机构是指经新区管委会和岳麓区认定、有合法资质、独立核算的以下法人机构或合伙企业（不含分所、分公司）：市级及以上金融行业协会、律师事务所、会计师事务所、征信公司、资信评级公司等。

（一）落户奖励

地方金融机构和金融配套服务机构分别给予 100 万元、50 万元的一次性落户奖励。

（二）办公奖励

地方金融机构和金融配套服务机构在金融中心购买办公用房自用的，按 900 元每平方米的标准给予一次性购房奖励，奖励总额不超过 100 万元。地方金融机构和金融配套服务机构在金融中心租赁办公用房自用的，每年按租金市场评估价 30% 的标准给予不超过 3 年的租房奖励，每年租房奖励金额不超过 30 万元。先租后买的，在申请购房奖励时扣除前期已享受的租金奖励。在政策有效期内因发展壮大新增办公面积可按上述标准的 50% 给予不超过 3 年的租房奖励，但累计不突破上述奖励总额上限。若机构租赁办公用房租价低于市场评估价的，则按其实际租价为基准给予租房奖励。

（三）经营奖励

1. 贡献支持

地方金融机构和金融配套服务机构自营业次年起，连续 3 年按照核算年度地方财政贡献较上年度增量部分的 30% 给予奖励。

2. 高管支持

对获得贡献支持的地方金融机构和金融配套服务机构，在获得奖励年度，对不超过员工总数 10% 的高级管理人员、专业技术人员，按其当年形成地方贡献的 80% 予以奖励，每人每年最高不超过 20 万元。

第五条　提升金融服务优化金融生态

（一）以金融政务超市为依托，简化办事程序，提高办事效率，为守法诚信的金融机构提供优质高效的政务服务，切实优化营商环境。

（二）对入驻湖南金融中心的机构，新区在投融资合作、业务拓展、改革创新、金融牌照申请等方面予以支持，为其争取国家、省市支持政策提供便利。

（三）在政策法规允许前提下，新区为入驻机构高管购买自用住房、安排子女就近入学以及申报国家、省市和新区人才奖励提供优质服务。

（四）支持在湖南金融中心举办有影响力的专业金融论坛、会议等活动，推动行业交流与合作，对经新区管委会同意举办的活动，每家机构每年给予活动费用50%且不超过20万元的补助。

第六条　其他事项

（一）市内机构迁入湖南金融中心的，以及营业范围仅限省内的法人机构重复设立省级分支机构的，不享受落户奖励，可享受办公奖励及经营奖励。

（二）享受本扶持政策的入驻机构，10年内不得迁离湖南金融中心，不得减少注册资本金，否则按年度平均分摊退回剩余年度的所有奖励资金。入驻机构恶意套取政策的，停止享受相关政策，追回已拨付的资金，并依法依规追究法律责任。

（三）除新引入机构外，在同一年度对同一机构的奖励补助资金总额原则上不超过该机构上一年度形成的地方财政贡献总额，如超过的延迟到以后年度兑现，最长不超过5年。

（四）本措施不与新区、岳麓区财政承担的其他产业扶持政策叠加执行。符合条件的同一机构、同一项目若同时满足市级、新区层面和本措施同类型资金奖励补贴条件的，按照“就高不就低”原则，自行选择最有利的政策，不重复获得奖励补贴。本措施的奖励扶持资金由新区与岳麓区共同审核认定后，按6：4的比例分摊，由新区管委会统一兑现，再与岳麓区结算。

（五）本措施自2020年4月15日起施行，有效期2年。政策有效期内入驻的企业，其落户奖励、办公奖励和经营奖励的奖励年限不受政策到期影响。

（六）本措施由湖南湘江新区管理委员会负责解释。

《长沙高新区促进科技金融业发展实施办法》

（2020 年 6 月）

第一条 为加快创新麓谷建设步伐，推进国家自主创新示范区建设，进一步优化园区金融业发展结构，推进科技与金融深度融合发展，完善科技金融服务体系，根据国家和省、市相关政策，结合长沙高新区实际，制定本实施办法。

第二条 本办法实施的主要目标是加大科技金融资源引进力度，建设具有产业优势的金融聚集区，打造以创业投资基金、股权投资基金为主体，相关金融产业链机构集聚的麓谷基金广场，构建多种金融业态和创新型投融资机构共生发展的多元化金融格局。

第三条 本办法中科技金融业引进支持措施包括落户支持、场地支持、人才支持、运营支持和大型活动奖励等支持。

第四条 本办法适用对象为在高新区进行商事登记的，经高新区管委会备案认定，符合入驻标准的持牌金融机构和非持牌金融机构。持牌金融机构指经国家金融监管部门批准设立的银行、保险公司、证券公司、信托公司、财务公司、金融租赁公司、汽车金融公司、消费金融公司、期货公司、资产管理公司、支付公司等机构；非持牌金融机构指经管委会认定的私募股权投资基金、私募证券投资基金、创业投资基金、其他投资基金、融资租赁、融资担保、小额贷款、互联网金融、要素交易市场、交易中心等新兴金融机构。

持牌金融机构总部分为全国总部、区域总部、地方分支机构三类：

（一）全国总部指业务范围涵盖全国及以上的金融机构独立法人；

（二）区域总部指直接隶属于法人金融机构且业务范围涵盖全省及以上的分支机构（含直接隶属于一级法人机构单独设立的业务总部、营运中心、研究中心等）；

（三）地方分支机构指隶属于金融机构区域总部且业务范围涵盖园区及以上的分支机构。

第五条 对入驻高新区的金融机构，高新区在投融资合作、业务拓展、改革创新、金融机构经营许可证申请等方面予以支持，为金融机构争取国家和省、市支持政策提供便利。

第六条 对新引进入驻的金融机构给予落户支持

（一）对新入驻的持牌独立法人金融机构，按照在高新区商事登记之日起 2 年内实缴注册资本的 1% 给予一次性开业支持，全国总部、区域总部、地方分支机构的支持总额分别不超过 1500 万元、1000 万元和 300 万元。

对持牌金融机构在高新区新设非独立法人的区域总部，并在当地产生税收的银行类金融机构、证券公司、期货公司、保险公司等给予一次性开业奖励 150 万元。

对持牌金融机构在高新区首次新设非独立法人的地方分支机构，并在当地产生税收的，按区域总部 50% 的标准进行奖励（归属于同一金融机构的，仅支持一家）。

（二）对新入驻的各类金融机构及金融配套服务机构在园区租赁自用办公用房（不含附属和配套用房）的，自营业当年起，第一年给予全额租金补助，第二年租金补助 50%，第三年租金补助 20%。其中，基金管理公司按基金管理规模进行补助，规模低于 2 亿元的，补助面积（建筑面积，下同）不超过 200 平方米；高于 2 亿元（含）低于 5 亿元的，补助面积不超过 300 平方米；高于 5 亿元（含）低于 10 亿元的，补助面积不超过 500 平方米；高于 10 亿元（含）的，补助面积不超过 1000 平方米。其他各类金融机构及金融配套服务机构租赁面积在 100 平方米（含）以内的，按实际租赁面积补助；租赁面积超过 100 平方米的按人均 10 平方米（不低于 100 平方米标准）补助。

（三）对新入驻的各类非持牌金融机构及金融配套服务机构在园区范围内自行装修办公场地的，按统一标准给予 100 元每平方米的一次性装修支持。

第七条 对购地自建（或委托代建）、购买办公用房的新引进金融机构，经管委会审定后给予支持。

（一）在园区购地自建（或委托代建）、购买商业地产办公用房用于自主经营的，按 1300 元每平方米的标准给予其自用办公用房面积（不含地下建筑面积）一次性支持，补助面积不超过 1000 平方米；在园区购买工业地产办公用房自用的，按 450 元每平方米的标准给予其自用办公用房面积（不含地下建筑面积）一次性支持，补助面积不超过 1000 平方米。[此条不与第六条第（二）项重复执行]

（二）对在园区购地自建（或委托代建）的，涉及的支持资金依据项目实施进度分两阶段拨付，项目正式开工建设达到正负零后拨付 50%，项目开业运营后拨付余下部分。对在园区购买办公用房的，支持资金在金融机构开业运营后兑现；在已享受购地自建（或委托代建）支持项目内购买办公用房的，不再重复享受购房支持。

第八条 对金融机构引进的人才给予支持

（一）对纳入高新区财税管理体制的金融机构聘任的金融类高级人才、企业高层管理人员、有关骨干人员及有限合伙类机构的自然人合伙人，自金融机构在高新区商事登记之日起 5 年内（产业基金在存续期内不受 5 年期限制），其年度税前工资薪酬收入 30 万元及以上的，按其当年个人工资薪酬形成的高新区财政实得全额给予补助。

（二）对纳入高新区财税管理体制的金融机构聘任的金融类高级人才、企业高层管理人员、有关骨干人员及有限合伙类机构的自然人合伙人，自机构在高新区商事登记之日起 5 年内，应税收入 100 万元以上（含）的非薪酬应税收入部分按其当年形成的高新区财政实得 80% 给予补助，个人当年度补助最高不超过 2000 万元。

（三）金融机构聘任的金融类高级人才、企业高层管理人员、有关骨干人员及有限合伙类机构的自然人合伙人，自金融机构在高新区商事登记之日起 5 年内在园区购买自用住房的，按购房总价（不含税费）的 2% 给予一次性支持，每人限一套住房享受支持。

（四）在符合规定的情况下，落户高新区的金融机构总部聘任的高级管理人员和部门主要负责人，经认定，可优先安排入住高新区公租房。为上述高管及其家属的落户、子女入学、就医以及申报国家、省市和高新区人才支持提供便利。

第九条 对金融机构运营给予支持

（一）新入驻高新区的各类投资基金及管理企业，自盈利年度起 5 年内，对年度高新区财政实得 100 万元以下的企业，按该年度园区财政实得的 50% 给予奖励；对年度高新区财政实得达到 100 万元（含）以上的企业，按该年度园区财政实得的 80% 给予奖励 [此条不与第八条第（二）项重复执行]。

（二）对于上市挂牌企业新入驻高新区的持股平台（公司制和有限合伙制），自首笔退出之日起 5 年内，对持股机构及持股人员按其退出额实际产生的高新区财政实得的 80% 给予奖励 [此条与第八条第（二）项不重复执行]。

（三）新入驻的独立法人持牌金融机构，自在高新区商事登记次年起 3 年内，年度净利润达到 1000 万元、2000 万元、5000 万元的，分别给予其 50 万元、100 万元、200 万元支持（支持金额不超过其在园区的财政实得）。

（四）新入驻的各类投资基金，按其当年对高新区内企业实际完成投资额的 1% 给予支持，年累计最高支持不超过 200 万元（对于基金管理公司纳入高新区财税管理体制的，经自主申报，可将对应支持给予基金管理公司）。

（五）新入驻的融资租赁企业，自在高新区商事登记次年起 3 年内，按其当年为高新区内企业提供的融资余额的 1% 给予支持。单家融资租赁企业最高年支持不超过 200 万元。

第十条 大型活动奖励

鼓励已入驻的金融机构单独举办或与园区合作举办行业相关的论坛、峰会、年会等活动，经管委会认定，按照国家级、省级类别，分别给予最高不超过 50 万元、30 万元的一次性奖励，奖励总额不超过实际活动费用的 80%。

第十一条 对引入金融机构的楼宇补助

（一）经管委会认定，凡积极参与招商引进金融机构全国总部入驻园区商业楼宇的，一次性补助业主单位 50 万元；引进省级金融机构总部入驻园区商业楼宇的，一次性补助业主单位 20 万元；对引进市级金融机构总部入驻园区商业楼宇的，一次性补助业主单位 10 万元。

（二）鼓励园区各孵化器、加速器或工业地产、办公楼宇积极引进持牌金融机构和非持牌金融机构。经管委会认定，对引入国家级、省级、市级金融机构并实际入驻园区的单位，分别给予 30 万元、15 万元、5 万元的一次性补助。

（三）鼓励园区经管委会认定的金融（基金）广场运营服务中心积极为入驻的金融机构、股权投资机构提供服务，每年度按其引进的持牌金融机构和非持牌金融机构纳税总额中高新区财政实得部分的 2% 补助支持金融（基金）服务中心运营。

第十二条 建立项目推荐制度。对在高新区进行商事登记并完成备案的基金管理公司和产业基金，根据其资金规模和对园区的财税贡献情况，定期向其推荐园区优质项目，并将其投资的园区项目优先列入高新区上市挂牌后备企业培育计划，支持企业在国内外资本市场上市挂牌，并享受园区有关优惠政策。

第十三条 对新入驻的金融机构、股权投资基金及管理企业给予工商注册登记、税务办理等服务便利。

第十四条 新入驻的特别重大的金融项目或属于特殊情况的，经高新区管委会召开专题会议研究后，按“一事一议”原则给予支持。

第十五条 新入驻高新区的会计师事务所、律师事务所、资产评估中心、结算中心、数据中心、客服中心、票据中心、信用卡中心、金融机构商协会等金融配套服务机构，可参照本政策的第六、七、八条标准享受相关落户、购房和人才引进支持。

第十六条 对本办法发布之日前工商注册和税务登记在高新区的原有持牌金融机构和非持牌金融机构，可参照本意见第八、九、十条标准视同新注册登记的入驻机构申报支持。

第十七条 本办法扶持对象需纳入高新区财税体制管理范围，并在园区范围内保持经营的持续性和稳定性，自享受扶持政策起，书面承诺 8 年内商事登记不迁离高新区，不减少注册资本金和营运资金，否则自愿全额退回所获支持资金。享受本意见支持的办公用房，8 年内不得对外销售或租赁。

第十八条 本办法涉及的支持资金由符合条件的金融机构向高新区科技金融服务中心递交申请材料，科技金融服务中心初审后，由高新区财政分局等部门进行会审，再报高新区管委会审定后，高新区财政分局拨付支持资金至相关金融机构或个人。

《湖南省人民政府办公厅关于支持湘江基金小镇发展的若干意见》
（2021年3月）

各市州、县市区人民政府，省政府各厅委、各直属机构：

为认真贯彻习近平总书记考察湖南重要讲话精神，大力实施“三高四新”战略，打造中部基金聚集高地，推进我省科技创新高地建设，经省人民政府同意，现就加快湘江基金小镇发展提出如下意见。

一、完善基金生态体系。支持湘江基金小镇引进或新设私募基金管理人、私募股权投资基金、创业投资基金、私募证券投资基金、公募基金、持股平台、自有资金投资类企业等（以下统称投资机构），打造全业态的基金体系，努力推动资本、科技和实体经济高水平循环。（责任单位：省地方金融监管局、省市场监管局、省科技厅、湖南证监局、长沙市人民政府、湘江新区管委会）

二、鼓励基金机构落户。对注册在湘江基金小镇且完成中国证券投资基金业协会或省发展改革委备案的私募股权投资基金、创业投资基金，按首笔实缴资本的1‰给予私募基金管理人或私募基金一次性奖励，单支基金奖励金额不超过100万元。对从省外迁入或新注册在湘江基金小镇的私募基金管理人，在完成中国证券投资基金业协会登记后按每家10万元给予一次性奖励。鼓励省政府引导基金、省属国有企业主导的基金、省外注册省内办公的私募基金管理人落户湘江基金小镇。支持国有私募基金管理人在湘江基金小镇探索跟投等市场化运营机制。（责任单位：省财政厅、省国资委、湖南证监局）

三、实施便捷商事登记。支持入驻湘江基金小镇的投资机构在名称中分类使用“私募基金”“基金管理”“证券基金”“创业投资”“股权投资”“投资管理”“资产管理”等字样，其中私募基金管理人应当在名称中标明“私募基金”“私募基金管理”“创业投资”字样，并在经营范围中标明“私募投资基金管理”“私募证券投资基金管理”“私募股权投资基金管理”“创业投资基金管理”等体现受托管理私募基金特点的字样。私募投资基金名称应当符合中国证券投资基金业协会《私募投资基金命名指引》有关要求。市场监管部门凭湘江新区金融发展服务中心出具的推荐函，给予入驻投资机构商事登记便利。支持在湘江基金小镇实施全程电子化商事登记。（责任单位：省市场

监管局、湘江新区管委会）

四、支持投资机构运营。支持在湘江基金小镇复制推广中国（湖南）自由贸易试验区有关金融政策，开展政府投资基金股权投资退出便利化试点。（责任单位：省财政厅）

五、强化人才支持服务。投资机构的高层次管理人才纳入“湖南省芙蓉人才行动计划”，享受社会保障、子女教育、住房、医疗、项目支持等优惠政策。（责任单位：省委组织部）

六、用好税收支持政策。注册在湘江基金小镇的合伙制创业投资企业（基金），选择按单一投资基金核算的，其个人合伙人从该基金应分得的股权转让所得和股息红利所得，按照20%税率计算缴纳个人所得税。注册在湘江基金小镇的公司制创业投资企业采取股权投资方式投资于未上市的中小高新技术企业、初创科技型企业满2年的，可以享受按投资额的70%抵扣应纳税所得额优惠政策。有限合伙制创业投资企业采取股权投资方式直接投资于初创科技型企业满2年的，该合伙创投企业的法人合伙人和个人合伙人可以分别享受按投资额的70%抵扣应纳税所得额优惠政策。（责任单位：省税务局）

七、引导服务实体经济。湘江基金小镇要积极引导投资机构支持我省“三高四新”战略实施。注册在湘江基金小镇并在中国证券投资基金业协会或省发展改革委登记备案并年检合格的私募股权基金管理人或私募股权投资基金、创业投资基金，对其投资于我省高新技术企业、科技型中小企业等新兴及优势产业链项目，且持有股权期限超过6个月，根据所投资企业成立时间长短分别给予补助，所投资企业成立时间在5年（或60个月）以内，实际投资额超过1000万元以上，按不超过5%的比例给予补助；所投资企业成立时间在5年（或60个月）以上，实际投资额超过2000万元以上，按不超过1%的比例给予补助。每年单个股权投资类企业奖励总额不超过300万元。鼓励各市州、省直单位、金融监管部门与湘江基金小镇共享资本、项目、政策信息，在湘江基金小镇举办路演、培训、创新创业大赛、论坛峰会等活动，共同打造省产融对接平台。（责任单位：省财政厅、省地方金融监管局、省发展改革委、省科技厅、省工业和信息化厅、湖南证监局、湘江新区管委会）

八、强化金融风险防控。长沙市人民政府和湘江新区管委会要履行属地金融风险处置责任和维稳处突第一责任，加强风控平台建设，抓好源头风险管控，推动基金行业回归本源，规范运行，服务实体，守信履约，切实防范处置基金行业风险，维护金融秩序。鼓励金融监管部门与湘江基金小镇加强监管合作，开展科技监管和协同监管，每年定期举办私募行业投资者风险教育活动，探索提高私募基金管理人登记、基金备案、基金托管的便利化方式。各有关单位依法依规向湘江基金小镇风控平台提供所需数据，支持其利用大数据防控金融风险。（责任单位：长沙市人民政府、湘江新区管委会、省发展改革委、省高级人民法院、省人民检察院、省公安厅、省司法厅、省市场监管局、省税务局、省地方金融监管局、湖南证监局、省通信管理局、国网湖南省电力公司）

麓谷基金广场参照上述政策执行。本意见自发布之日起施行。

湖南省人民政府办公厅

2021年3月19日

《湖南省金融服务“三高四新”战略若干政策措施》
（2021年4月）

一为深入贯彻落实习近平总书记考察湖南重要讲话精神，为全省实施“三高四新”战略和推动经济社会高质量发展提供金融支撑，结合我省实际，制定以下政策措施。

一、加大重点领域融资支持力度。通过开展金融“暖春行动”“进市州入园区帮企业”等银企对接活动，完善“一对一”主办银行制度，用好用足再贷款再贴现货币政策工具，增加对先进装备制造、工业互联网、技术改造研发、军民融合、对外贸易等领域信贷投放规模，力争制造业中长期贷款增速高于各项贷款平均增速。保障政策性资金供给，督促开发性、政策性银行落实先进制造业、科技行业等领域信贷增长计划。用好抵押补充贷款资金，为重点企业出口高新技术产品、成套设备等提供优惠利率贷款。抢抓注册制改革契机，支持企业通过首发上市和发行公司债、企业债、非金融企业债务融资工具等方式多渠道融资，提高直接融资比重。引导产业投资基金、风险投资基金支持“三高四新”产业发展，对在湖南注册备案的私募股权投资基金投资我省“三高四新”初创期科技企业（成立时间在3年以内）达1000万元且投资期限满6个月的，省财政按不超过投资金额的5%比例给予补助，单个企业每年最高补助金额由300万元提高到500万元。（责任单位：人民银行长沙中心支行、湖南银保监局、湖南证监局、省地方金融监管局、省财政厅、省发展改革委、省工业和信息化厅、省科技厅）

二、加快产业链供应链金融发展。支持产业链核心企业通过上海票据交易所供应链票据平台签发供应链票据，用好再贴现工具，支持金融机构对产业链核心企业签发的商业汇票进行贴现。鼓励各类企业通过人民银行应收账款融资服务平台开展应收账款抵质押融资。在各市州推动政府采购合同融资信息服务平台与人民银行中征应收账款融资服务平台对接，开展线上政采贷业务创新。做好动产和权利担保统一登记工作。探索“一银行一主链”金融服务模式，引入主办银行为核心企业、上下游企业提供综合性金融服务。设立省级新兴产业发展专项子基金，重点支持产业链供应链关键环节企业发展。（责任单位：人民银行长沙中心支行、湖南银保监局、省地方金融监管局、省发展改革委、省财政厅、省工业和信息化厅）

三、缓解中小微企业融资难、融资贵。督促金融机构继续向实体经济让利，促进小微企业综合融资成本稳中有降。落实国家关于普惠小微企业贷款延期还本付息政策和信用贷款支持计划。加大首贷扶持力度，保持小微企业新增首贷户户数和贷款规模合理增长。加快建设功能完备、对接有效的省级中小企业融资服务平台，与“信易贷”相互融合。支持省金融创新特色产业园创新金融产品，服务中小微企业融资。制订政府性融资担保机构尽职免责政策措施，强化对“三高四新”项目支持。在争取中央降费奖补基础上，省财政连续3年每年安排不低于1.5亿元，对纳入再担保体系备案业务按担保金额的0.5%给予保费补贴，并加大再担保费补贴力度，将小微企业融资担保费率降至1%以下。支持开展深化民营和小微企业金融服务综合改革试点，对获批全国试点城市的，省财政配套安排补贴资金1000万元。（责任单位：省地方金融监管局、人民银行长沙中心支行、省财政厅、湖南银保监局、省发展改革委、省工业和信息化厅）

四、强化科技创新金融扶持。引导银行设立科技分（支）行，用好企业技术进步专项再贷款政策，加大对科技型企业信贷支持。开展知识产权质押融资“入园惠企”活动，建立知识产权资产评估专家库和融资项目数据库，创新知识产权质押贷款产品，扩大知识产权专项风险补偿规模和覆盖范围，力争知识产权质押融资贷款户数和金额逐年增长。建立省级风险补偿机制，在长株潭省级以上园区、岳麓山大学科技城开展科技型企业知识价值信用贷款试点，并逐步扩大试点范围。充实科创板上市后备资源，加强湖南股权交易所科创专板辅导孵化，加快科技型企业挂牌上市。创新首台（套）重大技术装备保险、重点新材料首批次应用保险和中小科技企业贷款保证保险等保险产品，强化科技保险保障功能。（责任单位：省科技厅、省财政厅、省地方金融监管局、人民银行长沙中心支行、湖南银保监局、湖南证监局、省市场监管局、省工业和信息化厅）

五、实施企业上市“破零倍增”计划。组建“三高四新”企业库，为入库企业在辅导备案和验收、奖励补助等事项开辟“绿色通道”。抢抓“新三板”精选层转板等政策机遇，加快推动优质企业上市，对通过“新三板”精选层转板上市企业给予上市补助。制订提高上市公司质量政策措施，支持上市公司分拆上市或通过并购重组、发行股份购买境外优质资产。推动湖南股权交易所新设文化创意、军民融合等专板。完善政府投资（引导）基金管理办法，建立投贷联动机制和利益让渡机制。加强与上海、深圳证券交易所对接合作。（责任单位：省地方金融监管局、省财政厅、湖南证监局）

六、完善城乡金融服务体系。加快普惠金融发展，推动基础金融服务向乡村两级延伸。推动助农取款、电子支付结算等农村金融服务点入驻村党群服务中心。保持扶贫再贷款政策延续性，对存量扶贫再贷款可展期 4 次，实际使用期限最长至 2025 年。优化新型农村金融机构定向费用补贴政策，引导村镇银行增加涉农小微信贷投放，对符合条件的村镇银行，按不超过其上年贷款平均余额的 2% 给予补贴。省财政每年安排不低于 1 亿元，在湘赣边区县、已摘帽贫困县和湘南湘西承接产业转移示范区园区开展省县两级财政信贷风险补偿试点并逐步扩大试点范围。落实创业担保贷款政策，对高校毕业生、返乡创业农民工、网络商户等 10 类重点支持群体创业担保贷款，按规定给予贴息。逐步扩大农业保险创新试点品种和范围，稳步拓展保险基础服务“村村通”试点范围，为农户提供多样化、个性化保险服务。（责任单位：省地方金融监管局、人民银行长沙中心支行、湖南银保监局、省财政厅、省农业农村厅）

七、加大绿色低碳产业金融支持。用好碳减排支持工具，引导金融机构开展排污权、碳排放权、用能权等抵质押贷款，加大对低碳产业、清洁能源、节能环保等领域信贷投放力度。做好地方法人银行机构绿色信贷业务绩效评价，激励金融机构为碳减排提供资金支持。积极争取长沙市、株洲市、湘潭市开展绿色金融创新和气候投融资试点。探索制定以气候项目认定标准、气候信息披露标准、气候绩效评价标准为主体，与绿色金融标准协调一致的气候投融资标准体系。建立完善环境污染责任保险制度，加快推进环境污染责任保险工作。（责任单位：人民银行长沙中心支行、湖南银保监局、省地方金融监管局、省财政厅、省生态环境厅、省工业和信息化厅）

八、创新中国（湖南）自贸试验区金融服务。开展货物贸易外汇收支便利化试点，对中国（湖南）自贸试验区（以下简称自贸试验区）内保税货物转卖给予外汇收支结算便利。简化货物贸易收支手续，允许跨境电商企业凭交易电子信息办理结售汇及资金收付业务。按照“展业三原则”（了解你的客户、了解你的业务、尽职审查）办理贸易外汇收支业务，由银行自主决定审查单证类别、数量与方式。推广资本项目收入支付便利化改革试点，允许符合条件企业将资本金、外债和境外上市等资本项目收入用于境内支付时，不再事前向开户银行逐笔提供真实性证明材料。将自贸试验区内跨国公司跨境资金集中运营管理准入条件放宽至上年度国际收支规模不低于5000万美元。探索开展境内人民币贸易融资资产跨境转让业务，促进跨境贸易融资业务发展。将自贸试验区内银行分行级以下（不含分行）机构、高管和部分业务准入事项由事前审批改为事后报告，区内保险支公司及以下分支机构设立、迁址、撤销事项及相应职级高管人员任职资格由事前审批改为事后备案。（责任单位：人民银行长沙中心支行、湖南银保监局、省地方金融监管局、省商务厅）

九、加快湖南金融中心发展。鼓励湖南金融中心完善配套政策，吸引更多金融机构落户，推动金融资源集聚发展。对湖南金融中心新引进的持牌类金融机构（含区域性总部、后援中心），按新设同类机构标准给予奖励。湖南金融中心内企业申请地方金融牌照，同等条件下优先备案且不受名额限制。入驻湘江基金小镇的投资机构由湘江新区金融监管部门出函给予商事登记便利，麓谷基金广场参照执行。以湖南金融中心建设为抓手，打造中高端金融人才集聚洼地。（责任单位：省地方金融监管局、省财政厅、湘江新区管委会、省发展改革委、人民银行长沙中心支行、湖南银保监局、湖南证监局、省市场监管局）

十、优化金融发展环境。充分发挥全省防范化解涉众型非法经营活动稳定风险联席会议等机制作用，加强金融委办公室地方协调机制与省金融稳定发展改革联席会议工作联动，形成工作合力。建设省级地方金融风险监测预警平台，推动处置关口前移，落实监管职责。引导金融机构依法依规承销我省政府债券。鼓励政府、融资平台公司与金融机构平等协商，按照市场化法治化原则缓释到期债务风险。规范金融营销宣传行为，严格执行金融营销宣传自律公约。加大对恶意逃废金融债务打击力度，维护金融机构合法权益。建立守信激励和失信惩戒机制，全面提升信用湖南水平。将金融服务“三高四新”战略列入对市州真抓实干督查激励内容。（责任单位：省地方金融监管局、省财政厅、人民银行长沙中心支行、湖南银保监局、省公安厅、省发展改革委、省市场监管局）

图书在版编目（CIP）数据

2021年长沙市金融业发展报告 / 王志辉主编. -- 湘潭 : 湘潭大学出版社, 2021.12
ISBN 978-7-5687-0693-3

Ⅰ. ①2… Ⅱ. ①王… Ⅲ. ①地方金融事业—经济发展—研究报告—长沙—2021 Ⅳ. ①F832.764.1

中国版本图书馆CIP数据核字（2021）第262470号

2021年长沙市金融业发展报告

2021NIAN CHANGSHASHI JINRONGYE FAZHAN BAOGAO

王志辉 主编

责任编辑：刘　丹
封面设计：谈振威
出版发行：湘潭大学出版社
社　　址：湖南省湘潭大学工程训练大楼
电　　话：0731-58298960 0731-58298966（传真）
邮　　编：411105
网　　址：http://press.xtu.edu.cn/
印　　刷：长沙鸿和印务有限公司
经　　销：湖南省新华书店
开　　本：787 mm×1092 mm 1/16
印　　张：12.75
字　　数：229千字
版　　次：2021年12月第1版
印　　次：2021年12月第1次印刷
书　　号：ISBN 978-7-5687-0693-3
定　　价：42.00元